現代の観光事業論

藤井秀登［著］

税務経理協会

はしがき

　本書は，著者が明治大学商学部で担当してきた観光事業論の講義用レジュメに加筆し，教科書としてまとめたものである。講義とその準備を通じて，観光事業に対する新たな分析視角を会得できたからである。それを書物として構成するにあたって，体系的に著すこと，受講者だけでなく観光まちづくりに取り組んでいらっしゃる地方自治体や関係者の皆様にも役立つことを心がけた。読者の方々に，観光事業の全体像が伝わるようにと願っている。

　一般に，事物の本質を探る場合，認識の問題を避けることはできない。そこでは，諸現象の単なる記述や整理ではなく，そうした諸現象がなぜ，いかにして生じているのかを追い求めることになるからである。社会科学では，認識の対象がその主体にもなっており，対象の本質を探究する認識は概念にまで高められなければならない。すなわち，対象に関するさまざまな知見が示している思惟上の意義と限界を吟味し，全体として１つになるように体系性をもった論理的展開を必要とする。

　本書の形式・内容は先学の優れた学問的遺産に負うところが大きい。特に哲学の遺産は成果を予定して働く体系的認識を示唆してくれた。また，観光論（学）と観光事業論の遺産はそれぞれ観光に対する適切な認識の仕方を提示してくれた。こうした遺産を修得したうえで，まさに目の前で変化・発展している社会現象としての観光の本質と構造をまとめた。だが，本文の叙述には粗削りな個所があり，必ずしも意を尽くしているとはいいがたい。この点については皆様からのご批判を踏まえて，さらに充実させていきたい。

　最後に，前作に続き，出版に際して深甚のご配慮を賜った株式会社税務経理協会　大坪嘉春社長，ならびに本書の刊行までに多大なるご尽力をいただいた同社シニアエディターの峯村英治氏に心より感謝の意を表する。

2014年4月

　　　　　　　　　　　　　　　　　　　　　　　　　　　　藤井　秀登

目　　次

はしがき

序　章　観光研究の系譜と社会経済学 …………………………… 3
第1節　観光研究の萌芽と体系化 ……………………………… 3
第2節　観光研究の系譜と学際性 ……………………………… 10
第3節　観光事業の研究と社会経済学 ………………………… 15

第1章　観光の定義と歴史 ………………………………………… 25
第1節　観光の定義 ……………………………………………… 25
第2節　旅行商品の前史 ………………………………………… 30
第3節　旅行商品と観光産業の誕生 …………………………… 35

第2章　観光行動と観光情報 ……………………………………… 41
第1節　観光行動と観光者の満足 ……………………………… 41
第2節　観光者の類型化と文化資本 …………………………… 46
第3節　観光行動の類型化と観光情報 ………………………… 52

第3章　観光事業の構造と観光の諸効果 ………………………… 57
第1節　観光事業の概念と構造 ………………………………… 57
第2節　観光の社会的・文化的効果 …………………………… 63
第3節　観光の経済的効果 ……………………………………… 70

第4章　観光事業と観光資源 …… 81
第1節　観光資源の概念と種類 …… 81
第2節　自然観光資源と人文観光資源 …… 86
第3節　世界遺産の価値と役割 …… 91

第5章　旅行商品と文化 …… 97
第1節　旅行商品の特徴と市場価格 …… 97
第2節　観光地・観光施設と文化 …… 102
第3節　観光労働とホスピタリティ …… 106

第6章　観光産業の領域と種類 …… 113
第1節　観光産業の領域と特質 …… 113
第2節　交　通　業 …… 118
第3節　宿　泊　業 …… 123
第4節　旅　行　業 …… 129

第7章　観光開発と事業主体 …… 137
第1節　観光地の構造と公共性 …… 137
第2節　観光資源の評価と保護 …… 142
第3節　観光開発と観光地の運営 …… 147

第8章　観光事業と内発的発展 …… 153
第1節　観光と開発理論 …… 153
第2節　新しい観光の概念と観光形態 …… 158
第3節　ニュー・ツーリズムと内発的発展 …… 163

参 考 文 献 …… 173
索　　　引 …… 183

現代の観光事業論

藤井　秀登

序章　観光研究の系譜と社会経済学

第1節　観光研究の萌芽と体系化

　観光および観光事業の研究は，資本主義社会における社会現象としての観光を対象に据えている。ここで観光とは，旅行サービスや旅行商品の消費を通じた，楽しみのための旅行を意味する。また観光事業とは，民間の観光産業と観光関連産業から成る広義の観光産業，および国や地方自治体によって策定される観光政策によって観光の効用や諸効果を促進するための組織的な活動を指す[1]。なお，観光行動を促す媒介役として作用する広義の観光産業だけを指して狭義の観光事業，それに観光政策を含めたものを広義の観光事業とする場合もある[2]。

　そうした観光と観光事業との関係は，観光者，観光対象，観光の組織・社会制度の視点から説明できる。すなわち，観光はいかに観光者が観光対象から満足を得るのかに目的がある。一方，観光事業は観光者と観光対象との間に介在して，いかに観光の効用や社会的・文化的・経済的な効果を高めるのかに目的がある。だが，観光には負の効果や影響もある。それゆえ，観光政策によってそうした問題点を改善するためにも，観光事業は必須となる。つまり，観光と観光事業とは相互に補完し合う関係をもっている。換言すれば，これは観光論や観光学と観光事業論とが相互補完の関係になっていることを意味している。

　さて，他の学問領域と同様に，観光を論理的・体系的に認識しようとすれば，論と学に区別できる。すなわち，1つには観光を体系性には欠けるが，論理的

---

1) 岡本伸之「観光と観光学」岡本伸之編『観光学入門－ポスト・マス・ツーリズムの観光学－』有斐閣，2001年，2－10頁。
2) 岡本伸之「観光経営の基礎」岡本伸之編『観光経営学』朝倉書店，2013年，5頁。

に認識した観光論と,もう1つには観光を本質論,構造論,現象論の各視点を踏まえて体系的にまとめた観光学との2つに分類できる。観光に対する体系性への萌芽は第2次世界大戦前からすでにみられた[3]。だが,観光学の構築が本格的に意識されてきたのは,研究の蓄積がある程度までまとまった1990年代に入ってからである。そこでこの節では,まず観光論の系譜を概観しておく。

観光論の初期的研究に位置づけられる金字塔として,イタリア政府観光局事務局長のマリオッティ（A. Mariotti）がローマ大学で1926年に実施した講義内容をまとめた『観光経済学講義』(Mariotti, A., *Lezioni di economia turistica*, Roma：Poligrafico della S.A., Edizioni Tiber, 1927, 1928) が挙げられる[4]。マリオッティによると,観光経済とは外国人旅行者の移動を対象とし,それに直接的ないし間接的に関連する事項を含めて専門領域としたものと認識されている。したがって,観光経済は,統計,宣伝,交通業,ホテル業,旅行斡旋業,職業教育,地方の観光協会などを内容に包含していた[5]。

観光経済に関する研究の視点として,第1に能動的観光事業と受動的観光事業とをマリオッティは挙げる。前者は直接的,間接的に観光者の移動を促進する活動である。後者は経由地や観光地における観光者の受入れ環境や状態を整える活動である。第2に静的観光事業と動的観光事業を指摘する。前者は研究対象（例えばホテル）を特定時点で調査することである。後者は研究対象（例えば観光者の移動）を一定期間にわたって調査することである。第3に旅行経済と滞在経済を挙げる。前者は宣伝や観光産業が創出する経済的効果とその統計調査を主な内容とする。後者はホテル,観光案内所,旅行斡旋業や乗車券販売

---

3) 塩田正志「観光研究の成立と展開」鈴木忠義編『新版 現代観光論』有斐閣,1984年,32-33頁。
4) 塩田正志『観光学研究Ⅱ』学術選書,1999年,41頁。
5) Mariotti, A., *Lezioni di economia turistica*, Roma：Poligrafico della S. A., Edizioni Tiber, 1927, p.6, p.16（国際観光局邦訳『観光経済学講義』橘書院,1981年,2頁,13頁）。同書の目次は,第1章：諸論,第2章：イタリアにおける観光事業の現状,第3章：観光統計,第4章：宣伝,第5章：交通および交通業,第6章：旅行斡旋業に関する職業教育,第7章：ホテル業,第8章：観光開発と保養,滞在,観光地,第9章：観光者吸引地点に関する理論であった。

所に勤める観光事業従事者とその職業教育を主な内容とする[6]。その他，イタリアにおける観光の経済的効果を正確に評価できるように，観光統計という量的な指標の記述に多くの分量が割かれている[7]。

マリオッティは観光事業の領域として，①見学（商業の中心地，戦場，洞穴，名所旧跡），②スポーツ（自動車，航空機，乗馬，登山，競技会），③教育（学生団体，修学旅行，考古学的旅行），④宗教（巡礼行脚，聖堂訪問），⑤芸術（演奏旅行，音楽会），⑥商業（商品の品評会，見本市，市場，出張販売），および⑦健康（湯治，保養）を列挙している。そして，これらの収入を最大化するためには，能動的観光事業と受動的観光事業の経営に特化した恒久的な組織を設置する必要性があること，またそれら事業間の調和が大切であることを指摘する。その際，政府が民間の観光産業を指導しながら外国人旅行者の移動を促進する主体，すなわち観光経済の発展という目的に向けて観光政策を実施していくものと位置づけられている[8]。

つまり，マリオッティの考える観光経済の研究は観光産業と観光政策に区別できる。前者は経済的な実体をもつ商工業に対する投機的な活動である。一方，後者は観念的なもので，国家の威信や品位のような精神的使命を果たすための国家主義的，愛国主義的なお墨つきを与える活動である[9]。観光産業と観光政策のいずれにも共通して，いかに外国人旅行者を魅了していくのかが重要と説かれる。すなわち，マリオッティは観光者吸引地点に関する理論と題して，自然が有する芸術的・考古学的・風土的・衛生的な要素（自然的吸引力）と，ホテルの快適さ，くつろぎ感，雰囲気といったような人為的な要素（発生的吸引力）とが有機的に結合した場所へ観光者は移動する傾向があると指摘する[10]。

---

6) Mariotti, A., *op.cit.*, pp. 11−16（同前邦訳書，12−13頁）.
7) 観光統計は，観光客数，滞在日数，消費額で集計されている。
8) Mariotti, A., *op.cit.*, pp. 29−30（国際観光局邦訳，前掲『観光経済学講義』27−29頁）.
9) Mariotti, A., *Lezioni di economia turistica*, Roma：Poligrafico della S.A., Edizioni Tiber, 1928, pp. 292−293（同上邦訳書，318−319頁）.
10) *Ibid.*, p. 294（同上邦訳書，320頁）.

続いて，ドイツのグリュックスマン（R. Glücksmann）が著した『一般観光論』(Glücksmann, R., *Allgemeine Fremdenvekehrskunde*, Bern：Verlag von Stämpfli & Cie., 1935) をみてみよう。同書はマリオッティの『観光経済学講義』と比べて精緻な形式・内容であるだけでなく，体系性についても配慮がなされている。グリュックスマンはベルリン商業大学付属観光事業研究所の教授として，観光事業を研究していた。グリュックスマンは，観光事業を「ある土地に一時的に滞在している人と，その土地の住民との間の諸般の関係の総体」として，社会学的・人類学的・経済学的な視点から認識していた[11]。それゆえ，観光事業は，交通，国民経済，私経済，精神，心，身体，外国の文化，景観，鉱泉などと関係をもつとする。また，観光者と受入れる人々の間に，経済的・学問的・芸術的・政治的側面において相互に影響を与えあうと唱える[12]。

　注目すべきは観光の原因である。グリュックスマンはそれを人間（観光者と受入れる人々）と場所（観光者の地元と訪れる観光地）に分ける。そして，人々を観光地に赴かせる理由や動機として，観念的原因（心的原因と精神的原因）と物質的原因（身体的原因と経済的原因）を挙げている（図表序 – 1 ）。

　第 1 に観光者の観念的原因をみると，心的原因として，人間の自然に対する憧れ，交友，スポーツ観戦，芸術鑑賞，聖地巡礼などを示す。精神的原因として，職業教育や再教育，職業実践を挙げる。また専門家集団の定期的な会合，学術会議への参加，見本市に参加する商用旅行，公務員の出張も例示する[13]。

---

11) Glücksmann, R., *Allgemeine Fremdenvekehrskunde*, Bern：Verlag von Stämpfli & Cie., 1935, S. 3（国際観光局邦訳『観光事業概論』橘書院，1981年，4頁）．同書の目次は，第 1 章：基礎論，第 2 章：観光事業の経済的作用，第 3 章：観光事業の社会的作用，第 4 章：観光事業の振興方策であった。なお，社会学と人類学の関係については，青井和夫『社会学原理』サイエンス社，1987年，16 – 21頁を参照されたい。

12) *Ibid.*, S. 7 – 9（同上邦訳書，11 – 13頁）．わが国で早期に観光事業の研究に取り組んだ田中喜一は，グリュックスマンの観光動機に基づき，心情的動機，精神的動機，身体的動機，経済的動機を観光の動機として挙げている（田中喜一『観光事業論』財団法人観光事業研究会，1950年，76 – 86頁）．

13) *Ibid.*, S. 13 – 19（同上邦訳書，18 – 26頁）．

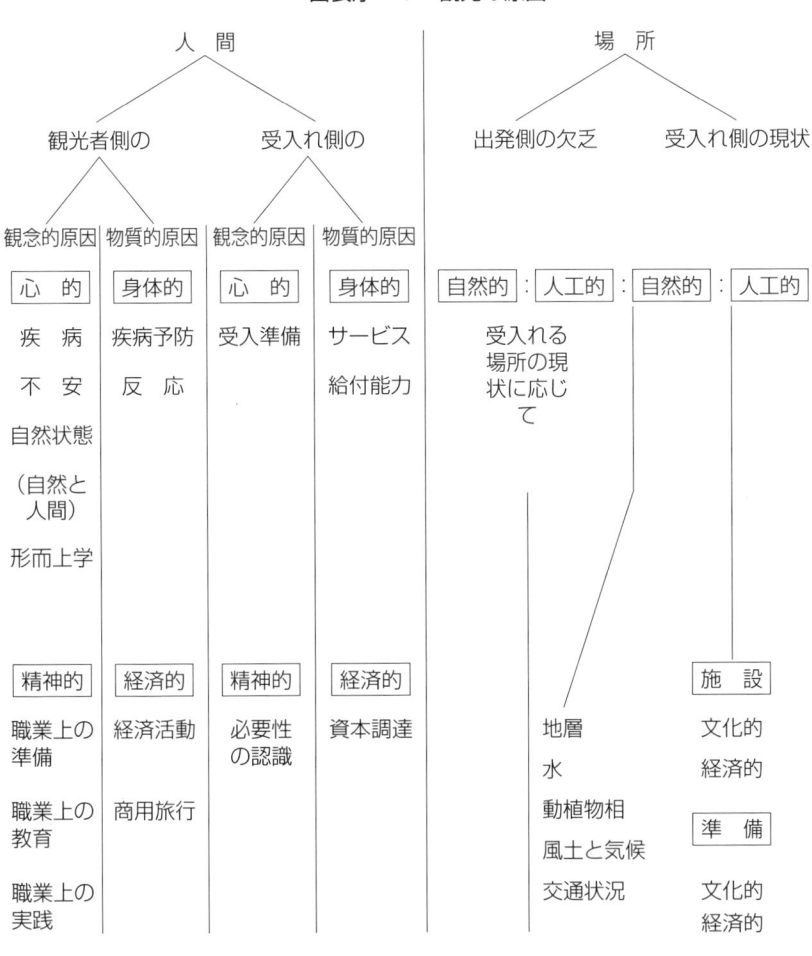

序章　観光研究の系譜と社会経済学

図表序－1　観光の原因

```
                    人　間                          場　所
         ┌────────────┴────────────┐      ┌──────────┴──────────┐
      観光者側の              受入れ側の      出発側の欠乏      受入れ側の現状
    ┌────┴────┐          ┌────┴────┐
  観念的原因  物質的原因    観念的原因  物質的原因
```

観光者側 観念的原因		観光者側 物質的原因		受入れ側 観念的原因	受入れ側 物質的原因	出発側の欠乏		受入れ側の現状	
心的		身体的		心的	身体的	自然的	人工的	自然的	人工的
疾　病		疾病予防		受入準備	サービス	受入れる場所の現状に応じて			
不　安		反　応			給付能力				
自然状態（自然と人間）									
形而上学									
精神的		経済的		精神的	経済的			施　設	
職業上の準備		経済活動		必要性の認識	資本調達	地層	文化的		
職業上の教育		商用旅行				水	経済的		
職業上の実践						動植物相	準　備		
						風土と気候	文化的		
						交通状況	経済的		

（出所）Glücksmann, R., *Allgemeine Fremdenvekehrskunde*, Bern：Verlag von Stämpfli & Cie., 1935, S.12（国際観光局邦訳『観光事業概論』橘書院，1981年，17頁）．

　第2に観光者の物質的原因をみると，身体的原因として，疾病予防と疾病治療を挙げる。そして両者を目的とする人々を受入れる滞在地には観光開発が必要だとする。また経済的原因として，季節限定のホテル営業，展示会や博覧会のような催事，年間を通じた農業や建築への従事を目的とする人々の旅行を挙

7

げている[14]。なお，そうした観光の原因に依拠すれば，ここでの観光は旅行の概念に包含されるといえる。

　さらにドイツのボールマン（A. Bormann）は，『観光論』（Bormann, A., *Die Lehre vom Fremdenverkehr*, Berlin：Verlag der Verkehrswissenschaftlichen Lehrmittelgesellschaft m.b.H., 1931）で，「グリュックスマンは地理学，鉱泉療養学，気候学，医学，心理学，国民経済学，社会学および経営経済学のごとき諸学の分野をも観光論の中に含めている」と，グリュックスマンが1929年以降に発表した諸論文の学的体系性を批判した[15]。また，グリュックスマンは観光の原因として強制と自由意志とを挙げている。だが，そもそも人間は強制と自由意志に依拠して生活しているとの根拠から，観光にとって特殊な分析対象となる直接的な原因はないとボールマンは主張する。

　そこで観光の原因の代わりに，観光のさまざまな決定要因を精緻に研究することが大事であるとボールマンは指摘する。すなわち，「研究の興味をそそるものは，個々の観光者の旅行ではなくて，観光者のいわば流れがいかにして発生し，発展するかということである。このような観光者の流れに影響を及ぼすものは，観光地の状態，経済的，政治的状態と方針，観光事業の組織と管理の状況と方策などであり，これらのものを考察することがすなわち観光論の主要課題である」として，ボールマンは観光統計，観光産業の諸部門，特に交通業，宿泊業，旅行斡旋業などに関する研究の意義を説く[16]。

　ボールマンに従って観光の決定要因をみると，それは一般的決定要因と特殊的決定要因に区別される。前者は個別の観光地における自然状態，および各国の経済・政治状態である。一方，後者は観光産業や観光関連産業，観光関連の

---

14)　*Ibid.*, S. 19（同前邦訳書，27頁）．
15)　Bormann, A., *Die Lehre vom Fremdenverkehr*, Berlin：Verlag der Verkehrswissenschaftlichen Lehrmittelgesellschaft m. b. H., 1931, S. 3（国際観光局邦訳『観光学概論』橘書院，1981年，3頁）．
16)　*Ibid.*, S. 3-5（同上邦訳書，4-6頁）．同書の目次は，序論，第1章：観光の概念と構成，第2章：観光の決定要因，第3章：観光統計，第4章：観光施設，第5章：一般的観光政策，附録であった。

序章　観光研究の系譜と社会経済学

公益団体や行政機関の実施するさまざまな方策，および観光を考慮した催し物や施設である[17]。

まず観光の一般的決定要因をみると，自然状態が観光を決定する際の基礎的な要因になっている。特に，その場所に固有な地理的条件，気象学的・鉱泉療養学的条件のような観光地の自然状態を挙げる。また，生活している住民の気質といった観光地の文化的条件も自然状態と同様に扱う。それゆえ，温泉地，療養地，歴史的・宗教的・芸術的・経済的意義をもつ土地，スポーツの中心地，静穏な田舎暮らしを享受できる場所などに観光地は分類される。さらに各国の経済・政治状態も，観光の決定に際して基礎的な要因となっている。中でも国民所得や個人貯蓄額，副次的要因として景気動向や為替相場などの経済状態を重要視する。また，正常な政治状態は観光の決定に影響しないが，領土侵攻のような異常な政局は観光に対して負の影響を及ぼすと述べる[18]。

次に特殊的決定要因をみると，一般的決定要因を基礎にしながら特殊的決定要因が観光の最終的な決定に作用していくという重層構造が確認される。すなわち，観光地の自然状態，経済・政治状態という一般的決定要因に加えて，観光産業や観光関連産業，観光関連の公益団体や行政機関，観光地の特殊な催し物（見本市，博覧会，祝祭，国際会議）や施設（ホテル，カジノ）が特殊的決定要因となって複合的要因を形成している。これを踏まえて，観光地の宣伝（パンフレット，映画，ラジオ，新聞），観光政策（旅券制度＝旅券交付料や査証料の値下げ，休暇制度＝季節変動の平準化）や交通政策（交通制度＝交通インフラの整備）を観光事業として実施すれば，また実際に観光地を訪れた観光者が口コミでその良い評判を友人・知人に伝えれば，観光の決定要因に寄与していくとボールマンは考えていた[19]。

なお，ボールマンは「観光論は，その所属からいえば経済学であり，またその根本原因は国民経済学および経営経済学の領域に存する……（引用者略）

---

17)　*Ibid.*, S. 11（同前邦訳書，14頁）．
18)　*Ibid.*, S. 11-21（同上邦訳書，14-26頁）．
19)　*Ibid.*, S. 21-43（同上邦訳書，27-54頁）．

……観光論はまた特に交通学にも属する」と観光論を経済学，さらには交通論の視点から認識していた[20]。観光論の研究方法に経済学や交通論を適用した理由として，ボールマンは観光の発展が鉄道や船舶という交通機関の普及と関連していることに求めている。なぜなら，鉄道や船舶による交通ネットワークの拡大が国境を越えた観光者の移動を促進したからである。また，観光が国民経済に寄与するようになったからである[21]。いずれにしても，ボールマンのように観光を個別科学の視点から認識する研究方法と，グリュックスマンのように観光を総合科学の領域から認識する研究方法が，観光を研究する基礎的な方法論となっていく[22]。

第2節　観光研究の系譜と学際性

前節では，1920年代から1930年代に観光論の精緻化を図ってきた，マリオッティ，グリュックスマン，およびボールマンの観光論を概観してきた。ここから，第1にマリオッティやボールマンのように個別科学（経済学）の視点から観光を研究する方法と，グリュックスマンのように総合科学（学際的研究）の視点から観光を研究する方法の2つがあること，第2に観光論が実践的な性格を帯びていること，すなわち国際観光による自国への経済的利益の増大に寄与する方策の追求が観光論に課されていること，第3に後年に発表された著作になるほど，観光の論理化・体系化が深化してきていることが認識できる。

第2次世界大戦後も，そうした観点は基本的に継続されている一方で，時期によっては観光の認識手法に若干の相違がある。そこで，この時期における観光研究の基礎的認識を，擁護の土台（正），警告の土台（負），適正の土台（方法），知識ベースの土台（理由）の4つに分類して，それぞれの支配的な研究動

---

20)　*Ibid.*, S. 5（同前邦訳書，6頁）．
21)　*Ibid.*, S. 1（同上邦訳書，1－2頁）．
22)　塩田，前掲『観光学研究Ⅱ』45頁。

向を整理したジャファリ（J. Jafari）に従ってみていきたい[23]）。

　第1に擁護の土台（正）である。1950年代と1960年代に発表された観光に関する研究は団体旅行，すなわちマス・ツーリズム（発地主導型観光）を積極的，肯定的に認識していく擁護の姿勢に貫かれていた。なぜなら，総じて発展途上国の地域社会にとっては，先進国から大勢の観光者を送客してもらえるマス・ツーリズムが経済的な救世主とみなされていたからである。もちろん今日を基準にすると，擁護の土台はかなり偏った表面的な認識であったといえる。だが，時代背景が相違するため，擁護の土台はそれが誕生した時代の文脈に沿って捉えなおす必要がある。つまり，アジアや西欧諸国が第2次世界大戦の荒廃から復興しつつあった一方で，発展途上国の経済的な衰退が明確となってきていた時代であったことを看過してはならない。

　こうした点を捉えて，発展途上国に観光研究の焦点があてられたのである。マス・ツーリズムから利益を得る人たちは，その善の側面を強調していた。観光産業は労働集約的であることから地域に雇用を創出し，外貨獲得の機会を与え，地元の生産物の販路を拡大し，大きな経済波及効果をもたらす可能性をもっていたからである。さらに，教育の機会を広げ，国際理解や平和を促進し，言語や人種，宗教におけるさまざまな障壁を取り除き，遺産や伝統を強化し，自文化の評価を高めていくという，社会的効果や文化的効果が観光に期待されていたからである。

　その目的を達成する手段として，発展途上国の政府は市場メカニズムを基調にしながら，外国人旅行者を積極的に受入れていく観光政策を採用した。このような発展途上国のおかれた状況を反映して，この時期における研究はマス・ツーリズムと発展途上国の経済発展という観光の正の効果を考察していた。一方，観光による負の影響を軽視し，政府がそこに介入すべきとの視点をほとんど考慮していなかった。

---

23) Jafari, J., "The Scientification of Tourism", in Smith, V. L. and M. Brent (eds.), *Hosts and Guests Revisited : Tourism Issues of the 21st Century*, New York : Cognizant, 2001, pp. 28-32.

第 2 に警告の土台（負）である。1960年代末に登場し，1970年代に成長してきた警告の土台は，観念と実体の両面において，換言すれば，発展途上国が積極的に導入した市場メカニズムとマス・ツーリズムという相互に関連しあう要因を根拠にして，擁護の土台と対峙した。すなわち，擁護の土台で積極的に活用された市場メカニズムに対しては，それがもたらす負の経済的影響を軽減するために当該国の政府が観光市場，つまりマス・ツーリズムに介入すべきことを提言した。同時に，発展途上国の自然・社会（経済）・文化に顕在化してきた，マス・ツーリズムを原因とする負の影響に対処するため，マス・ツーリズムを擁護してきた研究者に理論的な再検討を求めたのである。

　マス・ツーリズムが，本質的に発展途上国の自然・社会（経済）・文化に負の影響を及ぼすと認識されたゆえに，警告の土台は地域社会の主体性よりも当該国の政府による地域社会への介入を是認していた。警告の土台に現れた観光研究は市場メカニズムの力にマス・ツーリズムをすべて委ねるのではなく，逆に受入れ側の政府による観光市場への政策的介入を主張したのである。マス・ツーリズムが発展途上国の地域社会にもたらす正の経済的・社会的・文化的効果に含まれない，観光産業による負の影響を警告の土台が認識していたからである。例えば，観光産業に従事する住民[24]には正社員の他に観光者数の季節変動に対応するための臨時雇用者もいること，地域経済の不均等発展を引き起こしていること，発展途上国の観光資源を破壊していること，発展途上国の住民や文化を商品化していること，受入れ側の地域社会の構造を破壊していることが挙げられる。

　第 3 に適正の土台（方法）である。警告の土台が問題を提起したことから，擁護の土台との間で，マス・ツーリズムが発展途上国の地域社会に及ぼす負の影響が議論されていった。1980年代になると，いかにしてマス・ツーリズムに代替する新しい観光形態が構築できるか，警告の土台と適正の土台との間で理論的な検討が始められた。新しい観光形態は自然・社会・文化の各領域におい

---

[24] 観光労働が本業となっている住民を想定している。

て受入れ側の地域社会に好ましい影響をもたらすと同時に，観光者にも新しい観光のあり方に関する選択肢を与える，オールタナティブ・ツーリズムとして現れた。オールタナティブ・ツーリズムは，その後に登場するサステイナブル・ツーリズムやニュー・ツーリズムの萌芽的な観光形態に位置づけられる。

オールタナティブ・ツーリズムはマス・ツーリズムよりも小規模で実施され，そこから生まれる経済的・社会的・文化的な正の効果を，観光者とその受入側の観光事業従事者や住民とで分かち合うことを目標としていた。オールタナティブ・ツーリズムの特徴を詳しくみると，地元の観光資源を活用していること，地域社会を中心に考えていること，管理しやすいこと，破壊的でないこと，住民と観光者の双方に便益を与えていること，住民と観光者とのコミュニケーションを改善していることが挙げられる。

しかしながら，オールタナティブ・ツーリズムは世界中から押し寄せる観光者数の削減に対応できていないため，マス・ツーリズムへの対処療法に過ぎない。したがって，適正の土台にまとめられている研究は，観光行動の集合として生じる現実の社会現象としての観光を分析するというよりも，あるべき観光形態を提示していく理念型といえる。

第4に知識ベースの土台（理由）である。1990年代になると，研究者が中心となって，自身の立場を科学的に基礎づけること，そして擁護の土台，警告の土台，および適正の土台と研究者自身とを関連づけることを目標に掲げた知識ベースの土台が登場してきた。なぜなら，擁護の土台や警告の土台は市場メカニズムとマス・ツーリズムを基軸とする観光が及ぼす正・負の効果と影響[25]，また適正の土台は理想的な観光形態といったように，それらは観光の部分的・理念的な考察をしていたからである。

すなわち，知識ベースの土台は全体論的・客観的な視点から観光を認識することで，その学問的な基礎を構築しようとしている。換言すれば，観光の統合的ないし統括的理論体系を構築するために，複数の専門的学問分野，すなわち

---

25) 観光や観光事業の展開において予測される事柄を効果，それ以外に結果としてもたらされた変化を影響と呼ぶ。

専門領域の異なる複数の研究者によって観光研究が試みられている[26]。そこでは，次の点に留意する必要がある。それは，①社会現象としての観光，それを支える観光事業を感性的・感覚的事実に基づきながら論理化すること（対象意識），②そうした観光，観光事業のあり方の根拠を自らの認識でもって同一と区別（差異・対立・矛盾）に留意しながら考察すること（自己意識），および③対象意識と自己意識を有機的に統一しながら認識すること（理性的認識）である。

全体論的・客観的な視点は，オールタナティブ・ツーリズムに続いて登場してきた，サステイナブル・ツーリズムにもみられる。サステイナブル・ツーリズムでも，社会学，経済学，文化人類学，歴史学などの個別科学の他に，学際的な視点からも考察がなされている。なぜなら，個別科学の視点では，個々の哲学的基礎がそれぞれ相違している場合に，総合的な知見を獲得しにくいという課題が生じるからである。そこで観光の全体論的・総合的な知見を獲得するために，個別科学を超えて，マルチディシプリナリィ研究とインターディシプリナリィ研究という学際的研究が総合科学の視点から採用されている。

マルチディシプリナリィ研究では，まず共通した観光研究のテーマが設定される。次に異なる個別科学を専攻する複数の研究者がチームを組んでその共通テーマを研究していく。ただし，研究テーマが共通している一方で，個別科学の哲学的基礎が異なるため，得られた結果を共通の基準で相互に比較することや総合することはできないという限界がそこにはある。

これに対して，インターディシプリナリィ研究では，まず研究リーダーを中心に，異なる個別科学を専攻する研究者で研究チームが立ち上げられる。その際，研究リーダーが複数の個別科学に援用できる観光研究についての核となる哲学的基礎を構築する。次にその基礎を複数の個別科学専攻者（研究チーム）で共有しながら，特定のテーマに多面的な研究が行なわれていく。ただし，研究リーダーが構築した哲学的基礎に疑義がないとしても，その基礎を個別科学専攻者で構成される研究チームが正確に共有できていないと，客観的な結論に

---

26) 例えば，Graburn, N. H. and J. Jafari, "Introduction：Tourism Social Science" *Annals of Tourism Research*, Vol. 18, Iss. 1, 1991, pp. 1–11を参照されたい。

は達せない[27]。

　このように，マルチディシプリナリィ研究やインターディシプリナリィ研究も，結局，個別科学に基礎をおいている。そのため，個別科学の限界を超越する方法論の1つとして，ポストディシプリナリ研究が挙げられている。だが，ポストディシプリナリ研究も依然として個別科学間の融合を説くのみで，どのようにしてそれを実現するのかについては十分に論じられていない[28]。

第3節　観光事業の研究と社会経済学

　学際的な観光研究における課題を解決するためには，まず自然科学・社会科学・人文科学といった，それぞれが対象とする事実から論理を導出する個別科学の論理を確認する必要がある。続いて，個別科学の論理を対象にしてさらなる論理化を果たしていく，哲学的基礎力の涵養に取り組まなくてはならない。それは個別科学の研鑽に加えて，哲学の研鑽が不可欠であることを意味している。個別科学は哲学から分かれた経緯があるゆえに，個別科学を統括するためには哲学に戻らなければならないのである。

　だが，いくつかある哲学の主要な潮流を1つに還元することは困難な作業である。この点を承知のうえで，本書では個別科学の基礎に位置する哲学的基礎を唯物論的弁証法に求めている[29]。唯物論的弁証法は現実世界における生成・発展・衰退の過程を1つの全体性として実体を統括しながら体系化できる論理学でもあるからである。そこで唯物論的弁証法を基軸としながら，個別科学間に共通する哲学的基礎を構築すると同時に個別科学を研鑽していくことになる。つまり，個別科学と唯物論的弁証法を直接的統一の形で創出していくことが観光および観光事業研究の基礎に据えられる。

---

27)　Pearce, D. G. and R. W. Butler, *Tourism Research : Critiques and Challenges*, London : Routledge, 1993, pp. 12-15（安村克己監訳『観光研究の批判的挑戦』青山社，1995年，14-17頁）.
28)　Coles, T., C. M. Hall and D. T. Duval, "Tourism and Post-Disciplinary Enquiry", *Current Issues in Tourism*, Vol. 9, No. 4-5, 2006, pp. 302-306.

例えば，オークランド大学のマクラーレン（P. McLaren）とジャラミロ（N. E. Jaramillo）も，唯物論的弁証法の視点から観光研究を推進することを提唱している[30]。マクラーレンとジャラミロは社会事象を二項対立として固定的に把握するのではなく，その対立を矛盾として認識すべきことを説いている[31]。なぜなら，単なる二項対立では，両者の間で繰り広げられている運動性が認識できず，対立物の間で内的に連関しあった構造を含む全体論的な視点，すなわち矛盾の観点が欠如するからである。

　マクラーレンとジャラミロはヘーゲル（G. W. F. Hegel）の観念論的弁証法の中でも，特に「否定の否定の法則」に言及する。そして，数世紀してからヘーゲルを追随しているポストモダン論者を，実際はヘーゲルの追随者ではないと批判する。ヘーゲルは否定されるべきものについて単なる無以外の結果を生まない否定と，否定されるべきものの規定性が明らかになる結果を生む否定，すなわち運動性をもたない否定と運動性をもつ否定とを区別し，後者を重視していた。だが，ポストモダン論者は「否定の否定の法則」における第2番目の否定を，単なる否定と考えていたからである[32]。

---

29) 弁証法は連続的弁証法と非連続的弁証法に分類される。連続的弁証法は観念論的弁証法（ヘーゲル）と唯物論的弁証法（マルクス）に，一方で非連続的弁証法は主体性の弁証法（キュルケゴール）と場所的弁証法（西田幾太郎）にそれぞれ代表される（武市健人「哲学の方法」武市健人・山本英一編『哲学原理』法律文化社，1960年，256-266頁）。系譜としては，ヘーゲルが観念論的弁証法を打ち立てた後に，残りの3者がそれぞれ独自の弁証法を創出している。したがって，いずれに立脚するとしても，弁証法の基礎をつかむためにはヘーゲルの観念論的弁証法に取り組む必要がある。
30) McLaren, P. and N.E. Jaramillo, "Dialectical Thinking and Critical Pedagogy : Towards a Critical Tourism Studies", in Ateljevic, I., N. Morgan and A. Pritchard (eds.), *The Critical Turn in Tourism Studies : Creating an Academy of Hope*, Abingdon : Routledge, 2011, pp.xvii-xl.
31) 矛盾とは，対立する両項の両立性（相互制約，相互前提，相互依存）と非両立性（相互排斥，相互否定）との統一のことである（岩崎允胤・宮原将平『科学的認識の理論』大月書店，1976年，180頁）。
32) McLaren, P. and N. E. Jaramillo, "Dialectical Thinking and Critical Pedagogy", *op.cit.*, p.xxix

序章　観光研究の系譜と社会経済学

　続いて，マクラーレンとジャラミロは，そうしたヘーゲルの観念論的弁証法からマルクス（K. Marx）の唯物論的弁証法に視点を移していく[33]。そこには，観光研究の哲学的基礎を唯物論的弁証法に求める意図が込められている[34]。なぜなら，科学とは対象に据えた存在と一致する論理を導出するものだからである。なお，量から質への，またその逆の転化の法則，対立物の相互浸透の法則，および否定の否定の法則を唯物論的弁証法の3法則としてヘーゲルの観念論的弁証法から創出したのは，マルクスの同志であるエンゲルス（F. Engels）であった[35]。その3法則は矛盾の構造の一般性に相当するものである。

　学際性の課題は依然として残されているが，広義の観光産業と観光政策を資本あるいは関係の論理から考察するに際しては，唯物論的弁証法と個別科学としての古典派経済学とを直接的に統一した社会経済学が有効性をもつ[36]。なぜなら，社会経済学は経済現象と社会現象を商品生産における経済的構造と社会的構造の2重性を反映したものと認識することで，そこに価値法則（law of value）の働き，すなわち価値の媒介による資源配分の方法を捉えようとする視

---

33) *Ibid.*, p.xxix, p.xxxii.
34) 唯物論的弁証法では，歴史性をもつ世界（自然・社会・精神）が物質で統一されていることを前提に，個々の物質は自らの法則性で運動（発展や変化）していると認識していく。
35) Engels, F., *Dialektik der Natur* (1873–1882): *Karl Marx / Friedrich Engels Gesamtausgabe* (*MEGA*), *Erste Abeteilung*, Band 26, Berlin：Dietz Verlag, 1985, S.175（秋間実・渋谷一夫邦訳『自然の弁証法』新日本出版社，1999年，210頁）．3法則の意義や構造については，例えば，岩崎・宮原，前掲『科学的認識の理論』163–193頁を参照されたい。
36) ここで社会経済学とは，「古典派経済学の本流と，それを引き継ぐ流れ，とりわけマルクス経済学である。社会経済学は，労働価値説にもとづき，現代の社会を，歴史的に形成された経済，政治，法，倫理，社会的意識，等々の複雑に絡みあった1つの総体として捉え，この総体の土台をなしている経済構造を，他の社会的側面との密接な関連のもとで解明しようとする」ものである（大谷禎之介『図解　社会経済学－資本主義とはどのような社会システムか－』桜井書店，2001年，6頁）。なお，書名に社会経済学と入っている，除野信道の『改訂版　観光社会経済学』（古今書院，1985年）や『新・観光社会経済学』（内外出版，1998年）は，観光という社会現象に対して新古典派経済学の視点から分析したものである。このため本書の依拠する社会経済学とは異なっている。

点をもつからである。また，社会経済学は生産力だけでなく，人と人の社会的生産関係という生産の社会的側面までをも含めて認識しているからである。

それゆえ旅行商品の生産，観光産業，観光政策，観光者，観光者を受入れる住民が生活する地域社会も考察対象に含められる。つまり，経済学の取り扱う人と商品の関係に加えて，社会学の取り扱う人と人の関係までをも社会経済学は研究対象にできる[37]。なお，社会学は経済学，文化人類学，精神分析学や行動学[38]と同じ法則科学に属する[39]。ゆえに，唯物論的弁証法を基軸にその法則科学を捉え直せば，それらは観光事業研究に活用できる[40]。

観光事業（広義の観光産業と観光政策）が対象として取り扱う，自然・社会・文化は常に変容している。また，観光政策には複合性もみられる。それゆえ，観光事業の研究では学際性と総合性が求められる[41]。その点においても社会経済学は羅針盤としての役割を果たす。さらに，観光が自然・社会・文化に及ぼす正と負の影響を考察した擁護の土台と警告の土台における矛盾を止揚する点で，また理想的な観光形態を模索した適正の土台における観念性を免れる点でも社会経済学は活用できる。

なぜなら，社会経済学は，第1に慣習や制度を媒介に人間の行動を考えていること，第2に学習や発達していく存在として人間を認識していること，第3に経済システムを自然生態系に含めたうえで，自然環境の素材的側面（質・

---

37) 青井，前掲『社会学原理』23-24頁，42-45頁。
38) 行動学とは，人間の行動を生物的側面と社会的側面との統一体として研究する学問領域である。行動学は人間の生理・心理的な過程を社会・歴史的な視点に組み込むことを目標とする（南博「行動の基礎理論（下の2）」『思想』1962年11月，127頁，および南博『人間行動学』岩波書店，1980年，20-23頁）。
39) Piaget, J., *The Place of the Sciences of Man in the System of Sciences*, New York : Harper & Row, 1974, pp.3-5（波多野完治邦訳『人間科学序説』岩波書店，1976年，6-9頁）。
40) 本書では，資本概念を文化にまで拡張・適用したブルデュー（P. Bourdieu）の経済社会学，欲望の構造を明らかにしたラカン（J. Lacan）の精神分析学も観光事業の研究に援用していく。
41) 小谷達男『観光事業論』学文社，1994年，34頁。

量)から自然環境・人間・社会を考察していること,第4に再生産の視点をもっていること,第5に社会学,人類学,精神分析学や行動学の知見を活用できることが挙げられるからである[42]。つまり,知識ベースの土台が推し進める全体論的・客観的な視点からの観光事業研究に社会経済学は有用な指針を示してくれる。

さて,1970年代に警告の土台が登場してきた背景には,市場メカニズムとマス・ツーリズムが発展途上国の自然・社会(経済)・文化に及ぼす負の影響があった。したがって,これを是正するために,当該国の政府が観光市場へ積極的に介入することを警告の土台は提言していた。一方,先進資本主義諸国は第1次石油危機を契機とするスタグフレーションに対処するため,1970年代後半から新自由主義を経済政策の基礎にするのであった。

新自由主義の考え方は,社会の資源配分を市場メカニズムに委ねること,つまり政府が市場メカニズムの機能を保証する代わりに,効率的な資源配分を市場の自由競争から達成しようとする点に特徴をもっていた。そのため,新自由主義の考え方は新古典派経済学と整合性をもっている[43]。新古典派経済学では自然環境問題に対しても市場経済分析を適用する。だが,自然環境の質は市場メカニズムの機能と必ずしも整合性をもたない。また,文化の担い手である人間を合理的経済人として固定化するが,人間の慣習的行動との乖離がある。ここに新古典派経済学に依拠する観光政策の有効性と限界が生じてくる。

警告の土台によって,市場メカニズムとマス・ツーリズムを基調とする観光政策に疑義が呈され,そうした観光政策からの脱却が提唱された。しかし,先進資本主義諸国はそれを受入れず,新自由主義の思想に依拠した観光政策を実施し続けていた[44]。一方,発展途上国では,世界銀行や先進資本主義諸国からの資本導入による産業振興策がとられていた。その際,世界銀行は公共サービスの縮小や公企業の民営化,輸出増進策などを条件に構造調整という名目で発

---

42) 松井暁「経済学の歩みと社会経済学」角田修一編『社会経済学入門』大月書店,2003年,259-261頁。
43) 二宮厚美『現代資本主義と新自由主義の暴走』新日本出版社,1999年,20-22頁。

展途上国に融資をしていた。そのため，世界銀行や先進資本主義諸国が基調とする新自由主義に発展途上国の観光政策も連動させられたのである。つまり，発展途上国は先進国の観光資本を導入するだけでなく，先進国からの観光需要

図表序－2　観光資本の運動

観光産業	観光資本の運動・蓄積・回転	観光者の過程
（旅行業） ↓	旅行商品への宣伝・広報	企画・貨幣の準備
旅行業 （旅行商品販売） ↓	貨幣資本1－商品1 （商品資本1…生産資本1＝商品資本1'） －貨幣資本1' ただし，商品1＝商品（2＋3＋4）	貨幣1－商品1 貨幣1＝貨幣（2＋3＋4）
交通業 （往路） ↓	貨幣資本2－商品2 （商品資本2…生産資本2＝商品資本2'） －貨幣資本2'	貨幣2－商品2
宿泊業 （観光地） ↓	貨幣資本3－商品3 （商品資本3…生産資本3＝商品資本3'） －貨幣資本3'	貨幣3－商品3
交通業 （復路） ↓	貨幣資本4－商品4 （商品資本4…生産資本4＝商品資本4'） －貨幣資本4'	貨幣4－商品4
（旅行業）		総括・整理

（出所）　大橋昭一「批判的観光学の形成－観光学の新しい一動向－」『関西大学商学論集』第57巻第1号，2012年6月，82頁を参考に筆者作成。

---

44)　例えば，イギリスでは観光教育にも新自由主義の考え方が影響力をもっている。詳しくは，Ayikoru, M., J. Tribe and D. Airey, "Reading Tourism Education：Neoliberalism Unveiled", *Annals of Tourism Research*, Vol. 36, No. 2, 2009, pp. 191-221を参照されたい。そこでは新自由主義の思想が観光教育に及ぼす正と負の影響を世界的に調査する必要性が説かれている。

序章　観光研究の系譜と社会経済学

に依拠した観光政策，すなわちマス・ツーリズムを強いられたといえる[45]。

　ここで観光市場の仕組みを理解するため，観光産業における観光資本の運動を確認しておこう（図表序‐2）。観光資本とは観光産業の経済資本のことである。さて，生産と同時に消費される即時財としての旅行商品をみると，その生産過程と流通過程は分離不可能なため，生産過程と消費過程との場所的，時間的な一致が求められる[46]。すなわち，貨幣資本－商品資本…生産資本＝商品資本'－貨幣資本'・貨幣資本－商品資本…生産資本＝商品資本'－貨幣資本'となっている[47]。なお，「'」は剰余価値を意味する[48]。

　観光資本の視点から旅行商品を捉えなおすと，商品資本'が貨幣資本'へ形態変化する条件を確認できる。すなわち，旅行商品の使用価値と交換価値が消費者に受容されることである。仮に交換価値の本体である旅行商品の価値が一定量の貨幣で表現され，それが消費者の予算制約内であったとしよう。だが，もし旅行商品の使用価値が消費者にとっての有用性をもっていなければ，旅行商品は購入されないであろう。そもそも社会的客体の有用性を規定しているのは文化である[49]。また，多様な関係を構築する中心的なものごとは資本と呼ばれる。それゆえ，文化資本[50]が旅行商品の有用性，すなわち使用価値を創出す

---

45)　大橋昭一『観光の思想と理論』文眞堂，2010年，28‐29頁。
46)　ただし，航空券や鉄道の乗車券を交通業や旅行業から購入する場合，交通サービス商品が生産される前に利用者は運賃を支払っている。旅行商品の流通過程を形式的に生産過程から切り離し，先行させているからである。
47)　詳しくは，藤井秀登『現代交通論の系譜と構造』税務経理協会，2012年，58‐75頁の交通資本の運動・蓄積・回転の節を参照されたい。
48)　剰余価値とは剰余労働が産出する価値であり，利潤（利益）の本体である。ゆえに剰余全体としての利潤（利益）は剰余価値と同義である。なお，「利潤（利益）＝総収入－総費用」だが，利潤を算出する際の総費用は支払った費用と機会費用，利益を算出する際の総費用は支払った費用とそれぞれ相違する。
49)　Sahlins, M., *Culture and Practical Reason*, London：The University of Chicago Press, 1976, pp.169‐170（山内昶邦訳『人類学と文化記号論－文化と実践理性－』法政大学出版会，1987年，224‐225頁）。
50)　文化資本とは，身体化されたもの，伝統的な形で文化財として残っているもの，学歴のような制度化されたものという3つの形態から捉えられる。

る力となる。さらに文化資本は，旅行商品の象徴的交換の価値と記号化された差異としての価値，すなわち象徴価値を生産していく。つまり，旅行商品の使用価値と象徴価値を生み出す文化資本が消費者の文化資本の水準と合致すれば，旅行商品の使用価値と交換価値は実現されることになる。ここから文化資本が観光資本の運動を牽引していることが確認できる。

　量的視点から旅行商品を捉えると，生産された旅行商品[51]が100％消費されなければ，完成財としての旅行商品とはならず，無駄な生産になってしまう。そこで，例えば，交通業は乗車率・実車率・ロードファクターを，宿泊業は客室稼働率をそれぞれできるだけ100％に近づけようとする[52]。また，旅行業は仕入れた旅行商品の販売率をできるだけ高めようとする。それらは，市場メカニズムを介して，社会にある資源が効率的に配分されていく過程ともいえる。

　さて，観光者が交通業，宿泊業，旅行業といった観光産業を利用して観光をする場合，一連の観光行動を完了するためには，観光産業が販売・生産する各種の旅行商品をシステム（有機的つながり）として購買・消費することになる。つまり，同一の観光者が，交通業や宿泊業のような異なる旅行商品の生産過程にその都度参画することになる。したがって，需要者側からみると，異なる旅行商品を販売・生産する観光産業は，交通と宿泊に関する一種のサプライチェーンと認識される。ここに交通業や宿泊業が生産するサービス商品を多様に組み合わせて商品化し，これを販売する旅行業の存在意義がある。

　個別資本としての交通業や宿泊業は収入最大化のために自社商品をマーケティング力に優れた旅行業に提供している。同時に，交通業や宿泊業は電子商取引を活用しながら，一定量の自社商品（例えば航空券や宿泊券）を観光者へ直接に販売してもいる。流通費を節約できるゆえに，交通業や宿泊業は自社商品の値下げを若干できるからである。観光者にとっては，商品購入窓口が広がるだけでなく，旅行業経由よりも安く購入できる利点もある。

　このように観光産業を観光者の交通と宿泊の視点から分析すると，旅行商品

---

51) これは固定設備の量（座席数や客室数）に規定されている。
52) 藤井，前掲『現代交通論の系譜と構造』52-54頁。

が複合商品であることがわかる。ほとんどの旅行が観光産業の連続的利用なしには完結しないからである。旅行商品のシステム認識が需給両者にとって不可欠な所以である。換言すれば，観光者は複合商品を構成する個別の旅行商品の質と価格以外に，システムとしての便益も勘案して，旅行商品の購買に関する意思決定をしている。したがって，旅行業だけでなく交通業や宿泊業も，旅行の連続性の視点から自らの旅行商品を造成しなくてはならない。

　旅行商品の質と価格はほとんどの場合で連動している。そのため予算制約がある場合，観光者は全行程に関する旅行商品の質と価格を下げる，あるいは特定の旅行商品だけ高質・高価格にする代わりに，残りの商品を低質・低価格とするかもしれない。逆に予算制約が緩やかならば，全体として高質・高価格の旅行商品を購買するかもしれない。ただし，旅行商品は即時財のため事前の質評価ができない。それゆえ観光事業者がその最新で正確な情報を常に発信するならば，すなわち文化資本に裏づけられたブランドを確立するならば，観光者の商品選択においてその事業者が優位になれる。

　その際，観光が場所に固有の自然・社会（経済）・文化に負の影響を及ぼす側面を看過してはならない。特に観光開発がその地域や国以外の資本に依拠する外来型の場合，観光資源の価値が低下するならば，観光資本は採算性を求めてその場所から撤退してしまう。結果として，職を失った地元の観光事業従事者と荒廃した自然が残される危惧が生じる。そこで，観光資本が生み出す利益を地元の観光事業従事者や住民へ適切に分配すること，すなわち観光資本をできるだけ地域内で循環させる内発的発展に転換すること，自然の生態系を破壊しないための規制を設けることが求められる。観光者を受入れる地域社会が観光開発と旅行商品の造成を可能な限り担わなければならないのである。

第1章　観光の定義と歴史

第1節　観光の定義

　観光と観光事業の研究を始めるに際して，観光の定義を確認しておこう。研究対象の範囲を設定するために必要な作業だからである。そこで，まず観光を狭義の観光と広義の観光という2つに分けて検討していく。

　狭義の観光は需要側から認識した概念である。これは旅行サービスや旅行サービス商品（旅行商品）の生産・消費の過程を通じて旅行する観光者に重点をおいたものである[1]。ここで観光者とは，主に滞在地の自然・社会・文化を楽しみながら移動する旅行者のことである。

　一方，広義の観光は旅行商品の供給側，すなわち観光事業（広義の観光産業と観光政策）の視点から認識した概念である。旅行商品と観光に関連する商品を取扱う事業者，制度や政府，換言すれば，観光を実現するために必要な関連事象の総称が観光事業であり，広義の観光である。

　歴史を振り返れば，観光需要の増大につれて，旅行サービスを商品として供給する者が出現してきたことがわかる。現代では，社会から隔絶された観光者は存在しない。それゆえ，狭義の観光が成立する前提として，それを支える観光に関連する交通業や宿泊業，旅行業などの観光産業，および政治的・経済

---

[1]　旅行サービスとは，交通サービス，宿泊サービスや飲食サービスなどを意味する。旅行サービス商品（旅行商品）とは，交通業，宿泊業や飲食業などが生産・販売する，商品化された上記のサービスである。なお，「旅は苦行であるが，目的は別にあり，…（途中略）…旅行はそれ自身が独自の価値をもっている。…（途中略）…交通機関の発達や交通網の充実，そして宿泊施設・宿泊業の隆盛があって成立するのが旅行である」と，旅と旅行を区別する見解は参考になる（白幡洋三郎『旅行ノススメ－昭和が生んだ庶民の「新文化」－』中央公論社，1996年，4－6頁）。

25

的・社会的な制度や観光政策が必要となっている[2]。すなわち，狭義の観光は個人行動であっても，民間企業，制度や政府が重層的に関与する広義の観光と相互補完の関係にある。したがって，観光を考察するには，唯物論的弁証法を基軸とする，経済学，社会学，精神分析学や行動学などといった複数の個別科学からの体系的な認識が役に立つ。

　次に，そうした構造をもつ観光がどのように定義づけられていたのかを史的に辿っていきたい。それは20世紀初頭の欧州にまで遡れる。その当時，蒸気機関車や蒸気船の登場で人々の移動が容易になり，ホテルに代表される宿泊施設が整備されつつあった。つまり，観光産業が出現してきた時代である。そのような状況を背景として，ドイツの学者であるボールマン（A. Bormann）とグリュックスマン（R. Glücksmann）が観光の定義づけをしている[3]。

　ボールマンは，「旅行が保養，遊覧，商用，職業等の目的をもつにせよ，あるいはその他の理由，例えば特殊の催しや特殊の事情によるにせよ，およそ定住地から一時的に離れる旅行はすべて観光と称し得る。しかし，ここに職業上の旅行のなかには，勤務先へ定期的に通う交通は含まれていない。」と行動概念および文化的・経済的活動から観光を定義づけている[4]。一方，グリュックスマンは，「観光を，ある土地に一時的に滞在している人と，その土地の住民との間の諸般の関係の総体」，すなわち観光者と住民の関係として定義づけている[5]。また「諸般の関係の総体」という表現からは，観光事業という広義の

---

2) 前田勇・橋本俊哉「『観光』の概念」前田勇編『改訂新版　現代観光総論』学文社，2010年，6－8頁。
3) これ以前に，観光の盛んだったイタリアで，マリオッティ（A. Mariotti）が経済の観点から観光の理論化を試みていたが，観光の定義づけをしていなかった（Mariotti, A., *Lezioni di economia turistica*, Roma：Poligrafico della S. A., Edizioni Tiber, 1927, 1928, 国際観光局邦訳『観光経済学講義』橘書院，1981年）。
4) Bormann, A., *Die Lehre vom Fremdenverkehr*, Berlin：Verlag der Verkehrswissenschaftlichen Lehrmittelgesellschaft m. b. H., 1931, S. 10（国際観光局邦訳『観光学概論』橘書院，1981年，13頁）。
5) Glücksmann, R., *Allgemeine Fremdenvekehrskunde*, Bern：Verlag von Stämpfli & Cie, 1935, S. 3（国際観光局邦訳『観光事業概論』橘書院，1981年，4頁）。

観光も認識できる。

さて，観光を定義するに際しては，対象，目的，および方法の3要素が必要である。目的意識をもつ実践は，どのような対象に，どのような意図で，どのようにして展開するのかという過程的構造をもっているからである。そこで，ボールマンとグリュックスマンの定義をその3要素から再確認しておく。

ボールマンの定義では，一時的に定住地から離れる旅行という表現から場所的移動をする行為者，すなわち観光者が対象として読み取れる。観光の目的は上記のように明記されている。方法は，通勤以外の定住地から一時的に離れる旅行となっている。一方，グリュックスマンの定義では，観光地における一時的な滞在者，つまり観光者が対象となっている。観光の目的は明記されていない[6]。方法はある土地（観光地）に一時的に滞在することとされる。

ボールマンでは一時的な滞在が明記されておらず，往復の移動からそれを推察するしかない。逆に，グリュックスマンの定義では往復の移動が明記されておらず，ただ現地における一時的な滞在からそれを推測するのみである。このように不明確な点もあるが，それらが観光に関する初期の定義とされる。

1960年代になると，政治的・経済的・社会的な制度の変容を反映し，観光の定義に，余暇活動という言葉が使用されてきた[7]。例えば，フランスのニース市長や観光大臣を歴任したメドサン（J. Médecin）は，「観光とは，人が気晴らしをし，休息をし，また，人間活動の新しい諸局面や未知の自然の風景に接することによって，その経験と教養を深めるために旅行をしたり，定住地を離れて滞在したりすることからなりたつ余暇活動の1つである」と狭義の観光，あるいは行動概念と文化活動の視点から観光を定義した[8]。なお，この定義には，スイスのフィンツィカー（W. Hunziker）とクラップ（K. Krapf）が戦間期に考え

---

6) この点に関して，塩田正志は，「目的について1つひとつ挙げればきりがないし，滞在という行為は定住地を離れるための旅行を前提としているわけであるし，また，観光客と観光地の住民との触れ合いもまた観光の楽しみの1つであることなどを考慮すれば，一見奇妙な感じのこのグッリュクスマンの規定もそれほど不思議なものでもない」とする（塩田正志『観光学研究Ⅱ』学術選書，1999年，25頁）。

7) 同上書，31頁。

た観光を規定する2つの要因，すなわち非定住原則と非営利原則が継承されている[9]。

　世界観光機関（UNWTO）が2008年に定めた国際基準では，「ツーリズムはトラベルよりもさらに限定されたものである。なぜなら，特定のトリップに言及するからである。すなわち，ツーリズムとは，トラベラーが日常生活圏に1年たたないうちに戻ること，その主な目的が滞在地で報酬を得ないことである」と，行動概念と経済的な視点から観光の定義がなされている[10]。ただし，ここでツーリズムは観光の他にビジネスやレクリエーションなどの目的を含んでいる。それゆえ，ツーリズムの邦訳は旅行に相当する。つまり，旅行の定義に狭義の観光が含まれている点に留意しなくてはならない。

　翻ってわが国では，高度経済成長期に入り，所得の増加と自由時間の増大，さらに日本人の海外旅行の自由化が認められてから数年後の1969年に次のような定義が津田昇によってなされた。すなわち，「観光とは，人が日常の生活圏をはなれて，ふたたびそこへもどる予定で，他国や他地の文物，制度等を視察し，あるいは風光などを鑑賞，遊覧する目的などで旅行することである」と，狭義の観光ないし行動概念と文化活動の視点から定義されていた[11]。

　同年に発表された政府の諮問機関である観光政策審議会答申によると，「観光とは，自己の自由時間（＝余暇）の中で，鑑賞，知識，体験，活動，休養，参加，精神の鼓舞等，生活の変化を求める人間の基本的欲求を充足するための行為（＝レクリエーション）のうち，日常生活圏を離れて異なった自然，文化等

8）　Siegfried, A., "Définition du tourime", in Jocard, L.M., *Le tourism et l'action de l'état*, Paris：Berger-Levrault, 1966, p. 13.
9）　Hunziker, W. und K. Krapf, *Grundriss der Allgemeinen Fremdenverkehrslehre*, Zürich：Polygraphischer Verlag AG., 1942, S. 21.
10）　UNWTO, *2008 Tourism Satellite Account：Recommended Methodological Framework*（*TSA：RMF 2008*）, p. 12（https://unstats.un.org/unsd/statcom/doc08/BG-TSA.pdf）.
11）　津田昇『国際観光論』東洋経済新報社，1969年，4頁。なお，1963年に出された『観光基本法』には観光の定義がなく，さらに2006年に観光基本法を改正した『観光立国推進基本法』にも観光の定義はない。

の環境のもとで行なおうとする一連の行動をいう」とする[12]。狭義の観光ないし行動概念と文化活動の視点から，旅行を伴うレクリエーションが観光と定義されている。現在でも，これがわが国の代表的な観光の定義である。

　だが，例えば同じ活動（テニス）を日常生活圏と非日常生活圏との相違で，レクリエーションと観光とに区別する，観光政策審議会の定義に対して疑義が提示されている。なぜなら，レクリエーションは行為者が活動をする場所で規定されるのではなく，その活動を基準に規定されるからである。つまり，レクリエーションは旅行の目的であって，活動場所で区別できない[13]。

　ここで，観光と旅行を区別する視点をみておきたい。末武直義が1974年に発表した定義によると，観光は主に滞在地で自然・社会・文化を享受すること，一方，旅行は定住地へ再び戻ってくることを前提に，一時的に人が目的地へ移動することとされる[14]。したがって，旅行の目的によって，観光旅行や商用旅行といった表現が成り立つことになる。

　その他，塩田正志が1984年に発表した定義では，非定住原則と非営利原則，また狭義の観光と広義の観光が組み込まれたものとなっている。それによると，「狭義での観光とは，①人が日常生活から離れて，②再びもどってくる予定で移動し，③営利を目的としないで，④風物等に親しむことであり，広義での観光とは，そのような行為によって生じる社会現象の総体である」とされる[15]。この定義には行動概念，経済学的な視点が認識できる。

　以上から観光の定義には定説がないといえる。そこで本書での定義をまとめておく。すなわち，狭義での観光とは，自由時間に，人が一定期間内に再びもどってくる予定で，日常生活から離れた場所に移動・滞在し，営利を目的としないで，自然・社会・文化に関する風物や心身の再活性化などを大きな感動と

---

12) 内閣総理大臣官房審議室編『観光の現代的意義とその方向』1970年，13-14頁。
13) 溝尾良隆「ツーリズムと観光の定義」溝尾良隆編『観光学の基礎』原書房，2009年，32-33頁，37頁。
14) 末武直義『観光論入門』法律文化社，1974年，8頁。
15) 塩田正志「『観光』の概念と観光の歴史」鈴木忠義編『新版　現代観光論』有斐閣，1984年，5頁。なお，この定義は1974年の同書旧版と同じである。

ともに楽しむ行動である。また，広義での観光とは，そのような行動に必要な旅行サービスの生産・消費に関する社会現象の総体であると定義する。

　ここでは狭義の観光と広義の観光の相互補完性を組み込んだ塩田の考え方を継承した。観光を行動概念から把握した狭義の観光が，社会現象としての広義の観光に影響を及ぼす側面をもっている。一方で，社会経済的な概念から把握した広義の観光，すなわち民間企業である観光産業や観光関連産業の戦略，また政策的要因として括れる政治的・経済的・社会的制度が狭義の観光を規定する側面をもっているからである。狭義と広義の観光を認識対象に据え，その現象から実体へ，実体から構造へと考察を深め，最終的に観光の本質を模索していく過程を辿ることから，観光と観光事業の研究は始まっていく。

第 2 節　旅行商品の前史

　旅行を古代にまで遡るならば，それは主に日常の生活物資を獲得するために必要な行動の一環であった。つまり，商用を目的とする旅行が古代には多かったといえる。その結果，商用地に相当するギリシャやローマなどは，そうした生活物資の交換場所の中心地として栄え，商業上の取引によって都市を形成していった。宗教に関連する旅行は，後年になって登場するのであった。

　観光に視点を移すと，その初期の形態は，古代バビロンや古代エジプト時代にまで遡れる。紀元前 6 世紀に，バビロンで古代歴史博物館が開館していたことからその事実が推察できる。エジプトでは，宗教に関わる祝祭が催されていた。それは信者だけでなく，有名な建築物や芸術作品をみようとする人々も魅了していた。その群衆には，飲食物，ガイド，土産品を売る行商人，客引きといったような，さまざまな種類のサービスがすでに提供されていた。なお，来訪者の中には，観光の記念として建築物に落書きをする者もいたとされる[16]。

　古代ギリシャ時代の観光については，紀元前 5 世紀にそこで生活していたヘ

---

16) Holloway, J.C., C. Humphreys and R. Davidson, *The Business of Tourism* (8th edn), Harlow：Prentice Hall, 2009, p. 21.

ロドトス（Herodotus）が残した記録から推察できる。ヘロドトスは有名な歴史家で，歴史上最初の旅行作家と称されている。ヘロドトスは当時の観光ガイドによって詳しく語られた内容を広範に記録していた[17]。それによると，紀元前5世紀までに，アテネはパルテノン神殿（紀元前438年完成）のような建造物を訪れる観光者の重要な目的地となっていたとされる。

紀元前4世紀の初頭になると，アテネ，スパルタ，トロイのような観光地を網羅したガイドブックが登場した。紀元前3世紀になると，ギリシャ人の観光者は宗教上の目的をもって神殿を参詣するようになった[18]。こうした宗教上の祝祭に加えて，特にスポーツを楽しむ旅行も行なわれていた。例えば紀元前8世紀から紀元4世紀まで，4年に一度，オリンピアで実施されていた素人スポーツ大会に参加や観戦するため，人々がそこに集まったとされる[19]。観光者の数が増えるにつれて，商業目的の宿泊施設が主要な都市や港に設けられていった[20]。観光者が行き交う沿道にはタベルナと呼ばれる簡易食堂が建てられ，パンとワインがふるまわれた[21]。なお，古代ギリシャの独立した都市国家には道路を建設するための広域的な集権力がなく，道路が未整備であった。そのため大部分の観光者は水路を利用して移動をしていた。物流も水路を使用していたゆえに，結節機能点として，海港が発達することになった[22]。

古代ローマ時代になると，外国旅行が人々に認識され始めた。イングランドからシリアまで国境が存在せず，ローマ人の海洋パトロールのお蔭で海上の治安もよく，観光に適した状態となっていたからであった。その地域ではローマの硬貨が通用し，ラテン語が共通の言語となっていた。ローマ人は，シチリア，

---

17) ただし，そうしたガイドの質と観光情報の正確さは千差万別であった。
18) Holloway, J. C., C. Humphreys and R. Davidson, *op.cit.*, p. 22.
19) 塩田，前掲『観光学研究Ⅱ』3頁。前田勇・橋本俊哉「観光の世界史」前田編，前掲『改訂新版 現代観光総論』19頁。
20) 宿泊施設は，寺院に併設されていることが多かった。なお，建物は暖房，窓，トイレのない質素な造りであった。
21) 塩田，前掲『観光学研究Ⅱ』3頁。前田勇・橋本俊哉「観光の世界史」前田編，前掲『改訂新版 現代観光総論』19頁。
22) Holloway, J. C., C. Humphreys and R. Davidson, *op.cit.*, p. 22.

ギリシャ，エジプトへ，紀元3世紀以降になると聖地パレスチナへ，宗教に関連する旅行をしていた[23]。ローマ人は今日のミシュラン・ガイドブックに相当する，宿泊施設の格づけ表示をしたガイドブックをその当時から作成していた。なお，外国旅行が普及するにつれて，ギリシャで有名な彫刻家の作品を土産として買ったら，それが贋作であったという事例もローマで生じていた[24]。

外国旅行だけでなく，ローマ帝国では国内旅行も盛んに行なわれていた。注目すべき点として，保養の目的地であるリゾートの誕生が指摘できる。ローマから交通アクセスの便利な場所には，富裕層によって別荘が建設され，リゾートが形成されていた。特に春先になると，バカンスで訪れた人々によってリゾートは賑わったとされる。先進的なリゾートはナポリ湾周辺であったが，早くもリゾート間の差異化が始まっていた。すなわち，ナポリは退職者や知識人を魅了し，ナポリの西部に位置するクーマエは流行の最先端を追うリゾートとなっていたのである。一方，ナポリの南にあるバイアエは，スパの街であると同時に海浜リゾートでもあり，庶民をひきつけていた[25]。

ローマ帝国の役人や軍人が帝国各地に赴任した結果，そこにいる友人や親戚を訪問するための旅行が発生した[26]。ローマ帝国の拡大と軌を一にした道路の急速な整備と馬車の改良によって旅行が促されたのである[27]。さらに道路に沿って民間の営利を目的とする宿泊施設[28]が設置されたことも相まって，そうした道路が多少なりとも観光者の安全，迅速，利便な旅行を支援するようになっていた[29]。この他，超富裕層に属するローマ人は地中海沿岸に沿って，スイートルームやラウンジも備えた豪華クルーザーで旅行していた[30]。

---

23) 当時のローマでは，海港から旅行に出発する際に，出港許可と手数料の支払いが多くの場合で必要だった。また，海外で購入した土産品を自国に持ち込むには，税関申告書の提出と輸入税の支払いが海港で求められていた。
24) Holloway, J. C., C. Humphreys and R. Davidson, *op.cit.*, pp. 22−23.
25) *Ibid.*, p. 23.
26) これは今日のVFR (Visiting Friends and Relatives) に相当する。
27) 馬車の輸送形態には9種類が確認されている（塩田，前掲『観光学研究Ⅱ』6頁）。
28) これは現代のモーテルの前身に相当する。
29) 末武直義『観光事業論』法律文化社，1984年，16頁。

第1章　観光の定義と歴史

　だが，西ローマ帝国が5世紀に崩壊すると，ルネサンス（14世紀～16世紀）までの約1千年間，いわゆる暗黒の時代に西洋は突入する。諸国の分立と抗争が繰り広げられ，パックス・ロマーナと呼ばれた平和の時代は終わった。そのため道路の荒廃，貨幣経済の停止，治安の悪化によって，楽しみを目的とする旅行のほとんどは中断する。ただし，居住地の周辺であるならば，楽しみを目的とする旅行が行なわれることもあった。宗教がレジャーの過ごし方の枠組みを規定していたからである。そこでは，元来，聖なる日（holy days）を意味する祝日（holiday）が一般大衆の生活において重要な役割を果たすのであった。祝祭に出かけることで，人々が宗教的な癒しを享受できたからである[31]。

　中世を特徴づける旅行は聖地への巡礼であった。イスラーム教徒はメッカへ，キリスト教徒はイェルサレムやローマへと，徒歩で聖地へ向かった。これらは信仰心に動機づけられたもので，冒険心を充足しようとするものではなかった。宿泊施設には修道院や教会のような無料の宿泊施設が利用されていた。だが，12世紀～13世紀になると，商業目的の宿泊施設が巡礼者－ただし，高貴な人々，貧者や病者を除く－によって利用されるようになっていった[32]。

　11世紀末から13世紀にかけて，キリスト教の聖地イェルサレムをイスラーム教徒から奪回するため，十字軍の遠征が実施された。しかし，聖地イェルサレムの奪回は果たせなかった。それにもかかわらず，中世を通じてイェルサレムは信仰心に動機づけられた旅行者の第1の巡礼地となった。この間，十字軍は商業的・観光的色彩を帯びるようになり，部分的な組織的輸送や商業目的の宿泊施設を復活させることにも寄与した[33]。さらにキリスト教とイスラーム教の衝突である十字軍の遠征によって，欧州の人々は東方世界に対する関心を高め，

---

30)　Holloway, J. C., C. Humphreys and R. Davidson, *op. cit.*, p. 23.
31)　*Ibid.*
32)　Peyer, H. C., *Von der Gastfreundschaft zum Gasthaus : Studien zur Gastlichkeit im Mittelalter*, Hannover : Verlag Hahnsche Buchhandlung, 1987, S. 129-138（岩井隆夫邦訳『異人歓待の歴史－中世ヨーロッパにおける客人厚遇，居酒屋そして宿屋－』ハーベスト社，1997年，182-193頁）．
33)　末武，前掲『観光事業論』17頁．

33

東西文化の交流がもたらされた。つまり，十字軍の遠征はルネサンス以後の観光の基礎を形成したといえる[34]。

中世の欧州で，イェルサレムにつぐ第2の巡礼地は教皇の座があるローマであった。14世紀と16世紀初頭に一時的な衰退があったが，ローマは巡礼地として栄えた。そして第3の巡礼地は11世紀に十二使徒の1人大ヤコブの遺骨が発見されたとされるスペインのサンチャゴ・デ・コンポステラであった。ローマ法王レオ3世による聖地としての指定や大聖堂の完成によって，サンチャゴ・デ・コンポステラはフランスやスペイン各地から大勢の巡礼者を集め，11世紀から13世紀に全盛期を迎えた。巡礼者は団体を組織して，巡礼路沿いの教会や修道院に宿泊しながら，徒歩で移動した[35]。

わが国をみると，古代から中世にかけて，熊野信仰という宗教上の旅（旅行）があった。熊野信仰とは，紀伊半島の南端近くに位置する熊野那智大社・熊野速玉大社・熊野本宮大社の熊野三山を，仏教と神道の融合した山岳信仰の場として詣でることである[36]。わが国の旅行はこの熊野詣に始まるといわれている。その後，鎌倉時代には道路が整備され，駅馬の制度ができ，安土桃山時代には駕籠が発達した[37]。そのため宗教上の旅（旅行）は，熊野から伊勢，金毘羅や善光寺へと信仰の対象を広げながら庶民にも普及していった[38]。

江戸時代になると，江戸を起点にした五街道（東海道，中山道，日光街道，甲州街道，奥州街道）や宿場（大名の泊まる本陣・脇本陣，庶民の泊まる旅籠）の整備が急速に進められた。さらに貨幣経済の発達や治安の維持が相まって，旅（旅行）が人々の間で容易となっていった。こうした中で伊勢詣が庶民の信仰の代

---

34) 前田勇・橋本俊哉「観光の世界史」前田編，前掲『改訂新版　現代観光総論』20頁。
35) 塩田，前掲『観光学研究Ⅱ』10-13頁。
36) 熊野三山は日本で初めてその文化的景観がユネスコ（国際連合教育科学文化機関）に認めれられ，2004年に世界遺産として登録された。
37) 末武，前掲『観光事業論』23頁。
38) 大久保あかね「観光史　日本⑴飛鳥時代－昭和時代戦前」溝尾編，前掲『観光学の基礎』144頁。

名詞とされるまでになった。また、手工業の発達や商品経済の進展によって商用旅行も増加していった。ただし、交通の要所には関所が設けられ、庶民がそこを通過するには医療や信仰を目的とする通行手形が必要であった。つまり、純粋に楽しみを目的とする旅（旅行）は認められていなかったといえる。だが、建て前であっても、湯治と社寺参詣を理由にするならば、旅（旅行）は認められていた[39]。

第3節　旅行商品と観光産業の誕生

　16世紀に入ると、宗教改革の影響によって聖地巡礼が減少し、代わりにルネサンスの影響で文化活動が活発となった。具体的には、17世紀〜18世紀にかけて、イギリス貴族の子弟が知識や見聞を深めるために、当時のヨーロッパにおける文化の中心であったイタリアやフランスなどの大陸諸国に盛んに出かけていったことが挙げられる。こうした旅行は数カ月で終了するもの以外に、1年〜2年、なかには8年にもわたるものがあり、グランド・ツアーと呼ばれている。グランド・ツアーの時代があったゆえに、交通機関や宿泊施設といった旅行の基礎的な条件が整備されていったともいえる。

　グランド・ツアー活況の背景として、七年戦争[40]後の地代急騰で貴族の収入が増えたこと、当時のオックスフォード大学とケンブリッジ大学の教育水準がイタリアやフランスの大学よりも低かったことが指摘できる[41]。そのためグランド・ツアーには、アダム・スミス（A. Smith）のような学者が家庭教師として同行するのが常となっていた。同行した学者は手当をもらえる他に、訪問先

---

39) 前田勇・橋本俊哉「観光の日本史」前田編，前掲『改訂新版　現代観光総論』29-30頁。
40) 1756年〜1763年にヨーロッパで行なわれた戦争で，イギリスとフランスとの間に植民地争奪戦を引き起こし，イギリスが圧勝した。
41) 例えば，北イタリアには11世紀末頃に創立された世界最古のボローニャ大学が，またフランスには12世紀半ばにノートルダム大聖堂附属神学校より昇格してできたパリ大学があった。

で最先端の研究を学べたからである[42]。

　18世紀の末，イギリスに端を発した産業革命は，交通機関の発達，可処分所得の増大，自由時間の増加，旅行の自由化などをもたらし，国内外における観光の活性化に寄与したといえる。ここでは特に近代的な交通機関の発達に注目してみたい。鉄道をみると，1825年にイギリスではストックトン・ダーリントン鉄道によって蒸気機関車が試験走行に成功していた。1830年には，マンチェスター・リヴァプール間で旅客鉄道の営業運転が開始されるのであった。これにより，馬車輸送で36時間かかっていた同区間の移動時間が，わずか5時間〜6時間へと短縮され，併せて運賃も約3分の1にまで下落した[43]。

　これ以降の10年間，1830年にはアメリカ，1832年にフランス，1835年にドイツとベルギー，1838年にロシア，1839年にはオランダとイタリアなどでも鉄道が営業運転を開始し，鉄道ネットワークが欧州諸国で拡大していった。その一方で，17世紀〜18世紀に，都市間を結ぶ交通機関として発達していた乗合馬車は，迅速性，低廉性，大量輸送性のいずれにおいても鉄道より劣っていたために，鉄道に代替され徐々に衰退していくのであった。

　次に船舶をみてみよう。1761年にイギリスで帆船を使用したフェリーが運航を開始した。1807年になると，アメリカの技師フルトン（Fulton）によって蒸気船が発明され，1819年にはアメリカのサヴァンナ号が蒸気船として初めて大西洋の横断に成功している。1821年になると，ドーバー・カレー間の英仏海峡を定期的に往復する最初の蒸気船がイギリスで導入された。1838年には，イギリスのペニンシュラ・スティーム・ナヴィゲーション（Peninsular Steam Navigation Co.）[44]がイギリス本国と植民地であったインド，さらに極東との間に航路を開設し，貿易ルートを確保したのである[45]。

---

42)　本城靖久『グランド・ツアー－良き時代の良き旅－』中央公論社，1983年，9－16頁。

43)　Glaister, S., J. Burnham, H. Stevens and T. Travers, *Transport Policy in Britain* (2nd edn), Hampshire：Palgrave Macmillan, 2006, p.1.

44)　同社は，1840年にPeninsular and Oriental Steam Navigation Company（P. & O.）と名称を変更する。

第1章 観光の定義と歴史

　1840年には，北米との貿易ルートを構築するため，イギリスのキュナード・ライン（British and North American Royal Mail Steam Packet Company＝Cunard Line）[46]がリヴァプール・ボストン間で旅客や郵便の輸送を開始した。北米大陸との貿易が拡張するにつれて，欧州と北米を結ぶキュナードの大西洋横断定期航路は，旅客や郵便に加えて貨物が生み出す巨大な需要に恵まれ，高収入を確保できていた[47]。

　道路をみると，1810年以降，イギリスではスコットランド人のテルフォード（T. Telford）とマカダム（J. L. Macadam）が道路建設の工法を改良し，実用化していた。特にマカダムによって考案された新工法は，土壌に排水設備を施すこと，水位以上に道路の高さを上げることに留意し，道路表面をタールと小砕石を混ぜた不浸透性の舗装材で覆うものであった。それはマカダム工法とも呼ばれ，費用の高い石材を基礎にする従来の道路建設の工法にとって代わるものとなった[48]。道路が整備されたこともあり，1904年には，ロンドン・ゼネラル・オムニバス社がバス会社としては初めて営業運転を開始している。

　そうした交通機関の発達により，旅行は庶民にとって身近なものとなってきた。さらにトマス・クック（T. Cook）が広告や鉄道の団体割引運賃などを活用して近代的な旅行業を創設したこともあり，観光者が増えてきた。また，宿泊業も簡易宿泊所のイン（inn）からホテルへ移行していった。当時，インの設備は不完全で，またサービスも悪かったからである。そこで，新しく登場したホテルという近代的な宿泊業の形成・発達過程について概観しておこう。

　産業革命の余波は欧州大陸にも達し，宿泊業にも影響を及ぼしていった。す

45）　P. & O. は1842年に蒸気船ヒンドスタン号で初めてインド・カルカッタ航路を開いた。その後，1860年頃までに，ペナン，シンガポール，香港へと同社は航路を拡大した。1869年にスエズ運河が完成すると，この航路はさらに発達していった。
46）　同社は1878年にCunard Steamship Co. へと改称した。
47）　Holloway, J. C., C. Humphreys and R. Davidson, *op.cit.*, pp. 36-37. 黒田英雄『世界海運史』成山堂書店，1972年，50-53頁。
48）　Bercker, T. C. and C. I. Savage, *An Economic History of Transport in Britain* (3rd edn), London：Hutchinson, 1974, pp. 54-55（大久保哲夫邦訳『英国交通経済史』泉文堂，1978年，57頁）。

なわち，王侯貴族や特権階級が旅行する際の宿泊施設，社交場としてホテル様式が完成し始めたのである。例えば，グランド・ツアーの目的地の1つであったフランスでは，18世紀末に初めてホテルの名称が用いられた。後には，欧州全域で呼称としてのホテルが採用されるようになっていった。最初の本格的なホテルは，19世紀初頭にドイツの温泉保養地として有名なバーデン・バーデンに建設されたバーディッシュ・ホーフ（Badische Hof）であった。豪華な建築様式や重厚な構造，すなわち柱廊で囲われたロビー，移動式舞台つきの宴会場，エレガントな食堂とラウンジ，図書室，風通しのよい寝室，ローマ風呂，美しい庭園とバルコニーなどをバーディッシュ・ホーフは備えていた[49]。

　1850年にグラン・オテル（Grand Hotel）とオテル・デュ・ルーブル（Hôtel du Louvre）という巨大な高級ホテルがパリに建設されたことを契機として，フランスではホテルの大規模経営化が始まった。宿泊需要が高まってきたドイツでも，1874年にカイザー・ホーフ（Kaiser Hof）がベルリンに，1876年にフランクフルター・ホーフ（Frankfurter Hof）がフランクフルトに開業した。

　1898年にはスイス人セザール・リッツ（C. Ritz）が自身の名を冠したリッツ・ホテル（Ritz Hotel）をパリに開業した。リッツ・ホテルとその後に続くホテル経営には資本と経営の分離やチェーン経営の手法が導入されており，これらは近代ホテル経営の端緒に位置づけられる。さらに，鉄道を利用した旅行者が増大するにつれ，欧州の主要な拠点駅や接続駅にはターミナルビルが建設され，その一部をステーション・ホテルとして使用するものが登場した[50]。

　例えば，鉄道発祥の地イギリスのロンドン中心部に位置する，ミッドランド・グランド・ホテル（Midland Grand Hotel）が挙げられる[51]。同ホテルはロ

---

49) ホーフ（ホテル）という名称から，バーディッシュ・ホーフはイン（宿屋）からホテルへ移行する過渡期に誕生したとされる。
50) 鈴木博・大庭祺一郎『基本ホテル経営教本』柴田書店，1999年，6-7頁。
51) イギリスでは，この時点でユーストン・ホテルなどのステーション・ホテルがすでに開業していた（Carter, O., *An Illustrated History of British Railway Hotels : 1838-1983*, Lancashire : Silver Link Publishig, 1990, Chapter 1）。一方，わが国で現存するステーション・ホテルは，1915年11月開業の東京駅に併設された東京ステーション・ホテルである。

ンドンとイースト・ミッドランド地方およびヨーククシャー地方を結んでいたミッドランド鉄道（Midland Railway）がセント・パンクラス駅（St. Pancras Station）と一体化して1866年7月から建設を開始したものであった。セント・パンクラス駅はベネチアン・ゴチック調のデザインが施された外観で，鉄道の教会と称されるほどの荘厳な駅舎である。駅舎内に併設されたミッドランド・グランド・ホテルは1873年5月に開業した。

　だが，ロンドン市内のホテル収容人数の増大などに伴い利用者が減少し，同ホテルは1935年4月に閉館している。その後，一時的に駅事務所などとして一部が使用されていたが，2011年5月にセント・パンクラス・ルネサンス・ホテル（St. Pancras Renaissance Hotel）と名称を改め再開業している[52]。その運営主体はアメリカのホテル・チェーンであるマリオット・インターナショナルである。なお，セント・パンクラス駅はホテルとともにその建物が1967年11月にイギリスの文化財に登録されている。

　旅行業に視点を戻せば，旅行者と交通業や宿泊業とを仲介する近代的な旅行業が誕生したのは19世紀半ばのイギリスで，それはトマス・クック社であった。トマス・クックはイギリスのレスターにて労働者のモラル低下に関心を抱いていたバプティスト派の牧師であった。1841年7月に，クックは禁酒大会への参加と聖書の勉強を目的に，ラフバラまでの日帰り旅行を計画した。その際，レスター・ラフバラ間には貸切り列車の利用を思いつくのであった。

　そこで鉄道会社を説得した結果，格安の団体割引運賃が適用できることになった。運賃と昼食のセットで料金を1人あたり1シリングに設定し，参加者を広告で募集したところ，485名ないし570名の参加者が集まったとされる。参加者にとっては，乗車券や昼食の手配が不要なこと，また最新の交通機関である鉄道に低廉な運賃で乗車できることから画期的な旅行と認識された。このため，その後も日帰り団体旅行は継続され，1845年夏になると，クックは団体旅行を組織して交通業や宿泊業に斡旋することを本業とする旅行

---

52) Simmons, J. and R. Thorne, *St Pancras Station*, London：Historical Publications, 2012, pp. 39-99.

業（travel agent）を始めた。こうして近代的な旅行業が誕生したのである[53]。

　なお，トマス・クック社による最初の外国旅行は，1855年5月にパリで開催された第2回万国博覧会であった。同年には2週間の大陸周遊旅行も実施されていた。1863年にはスイスアルプスを目的地としたパッケージ・ツアー，さらに南北戦争が終結した翌年の1866年には南北戦争戦跡ツアーとして第1回目のアメリカ旅行が催行された。1872年になると，8人の参加者を連れてオーストラリアやニュージーランドといったイギリスの植民地や日本を行程に含む，222日間の世界一周旅行が実施された。こうして事業は順調に展開し，1870年代末になると，トマス・クック社は世界中に60の事務所を構えるまでに成長していった[54]。

---

[53] Brendon, P., *Thomas Cook : 150 Years of Popular Tourism*, London : Secker & Warburg, 1991, pp.18-56（石井昭夫邦訳『トマス・クック物語－近代ツーリズムの創始者－』中央公論社，1995年，19-69頁）.

[54] Withey, L., *Grand Tours and Cook's Tours : A History of Leisure and Travel, 1750 to 1915*, New York : William Morrow and Company, 1997, p.159.

第2章　観光行動と観光情報

第1節　観光行動と観光者の満足

　観光行動の仕組みを解明するには，人間が認識的存在であることにまで戻る必要がある。すなわち，五感覚器官を通じて頭脳に反映された客観的な外的存在の合成像（イメージ）を原基形態として人間は行動するということである。誕生した瞬間から，人間の白紙だったイメージは幾重にも合成されていく。ただし，各人の五感覚器官の実体や機能によってイメージの質は規定される。それゆえ，同じ外的存在に対しても個人ごとに異なるイメージが形成されていく。

　こうして形成されたイメージ（認識の特殊な一形態）は欲望と呼ばれる。すなわち，生命体としての人間的な成長や発達にとって必要とされる客観的な外的対象（自然的必要）と，社会的存在としての人間的な成長や発達にとって必要とされる客観的な外的対象（社会的必要）の両者を基礎に形成されたイメージが欲望であり，欲望は人間の行動となって現れる[1]。つまり，人間が行動するのは欲望を充足するためである。

　だが，欲望は不足する特定のものを充足しようとする行為ではない[2]。必要を感じるにもかかわらず，具体的にいかなる特定のものが必要なのか，欲しいものが何なのかがわからない状態といえる。つまり，欲望とは目的に対する合理的な行動ではなく，何かが欲しい，別の何かを欲しいという目的のない非合

---

1) 上瀧陸生『必要と欲望・要求の理論（必要編）−豊かな生活のために−』文理閣，1993年，42−44頁。同『必要と欲望・要求の理論（欲望・要求編）−豊かな生活のために−』文理閣，1993年，3−22頁。
2) 行為とは，行為者が主観的な意味を付与した目的志向的な行動である。したがって，行動の方が行為よりも外延の広い概念である。

理的な行動である。そのため具体的な財を得ると満足するにもかかわらず，その行為に確信をもてないゆえに，不安感に絶えず襲われる。欲望は生命体の維持にとって特定な必須のものではなく，余分なものを欲する意識であり，そこには終わりがないからである。

　一方で，欲求とは，生命体の維持（自然的必要）と社会的存在としての人間的な成長・発達（社会的必要）に際して何か特定のものが不足しており，それを充足しようとする状態である。したがって，それが充足されると，不足が解消され満足にとって代わられる。つまり，欲求とは目的に対する合理的な行動といえる。欲求が充足されると不足が解消され，満足感を抱くことになる。

　だが，ここで１つの問題が生じる。すなわち，特定のものが不足している状態を充足するには，何がその不足を充足する特定のものなのかを自身が事前に知っていなければならない。そのため欲求は社会的・文化的な影響を受けて社会化されたものとなる必然性をもつ[3]。結局，自然的・社会的な必要に基づいて形成された欲望を，社会的・文化的な影響を反映した，具体的な有用性をもつ特定のもので充足しようとする行為が欲求となる。しかし，目的合理的な行動には終わりがあることから，新たな欲望が生み出されていく[4]。

　ここで，欲望と欲求の関係をまとめておこう。そもそも人間の行動は，五感覚器官を通じて頭脳に反映された外的存在のイメージによって統制されている。その行動を統制する第一義的な認識は特に欲望と呼ばれ，これが欲求へと結びついていく。すなわち，人間的な成長や発達にとっての自然的必要と社会的必要を客観的基礎とする欲望が，具体的な財やサービスの有用性として社会的・文化的な影響を受けながら現れたものが欲求となる。ゆえに欲求はいわば欲望の第２段階に相当し，交換行為を生み出す力となっていく。

　観光を事例に挙げると，観光の自然的・社会的な必要が五感覚器官を通じて

　3）　前田勇・橋本俊哉「観光行動を成立させるもの」前田勇編『改訂新版　現代観光総論』学文社，2010年，120頁。
　4）　黒石晋『欲望するシステム』ミネルヴァ書房，2009年，2－39頁。上瀧，前掲『必要と欲望・要求の理論（欲望・要求編）』3－22頁。

頭脳に反映されて欲望となり，さらにそれが社会的・文化的な影響を受けて欲求となる。その欲求が特定の観光地を選択し，自らの欲求を充足する観光行動を生じさせる。なお，観光行動とは，観光者が日常生活を離れ，楽しみのために旅行をすることである。だが，日常生活を一時的に離れることと楽しみのための旅行は行動主体の主観的条件に依拠して決まるため，客観性に欠ける。そこで観光行動を主観的条件からではなく客観的に把握していくために，以下では観光事業の対象となる行動だけを観光行動と規定していく[5]。

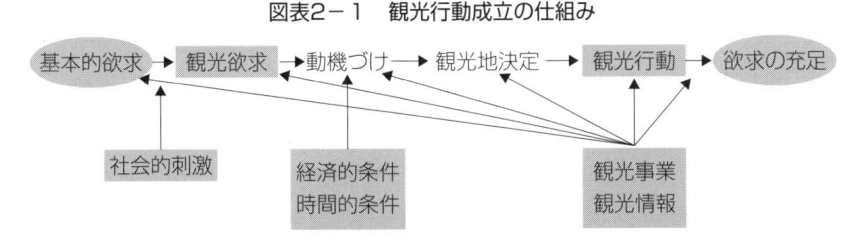

図表2-1　観光行動成立の仕組み

基本的欲求 → 観光欲求 → 動機づけ → 観光地決定 → 観光行動 → 欲求の充足

社会的刺激

経済的条件
時間的条件

観光事業
観光情報

（出所）　末武直義『観光事業論』法律文化社，1984年，33頁，および前田勇『観光とサービスの心理学−観光行動学序説−』学文社，1995年，68頁を参考に筆者作成。

観光行動を生じさせる心理的メカニズムは観光欲求・動機といった概念を使用しながら説明されている。すなわち，観光者が観光行動で観光欲求を充足できると感じると観光欲求は観光動機として顕在化し，観光行動に駆り立てる心理的なエネルギーとなる。しかし，観光欲求と観光動機は必ずしも区別されず，しばしば互換的に使われる[6]。また，すべての観光行動が固有の観光欲求をもつとは限らない。人間の欲求はさまざまな社会的・文化的影響，すなわち多様な刺激との結合，費用と時間の制約，観光情報などを受けながら，最終的に特定の行動として生じるからである。それゆえ，観光行動という結果からその行

---

5)　前田勇「観光欲求と観光行動」鈴木忠義編『新版　現代観光論』有斐閣，1984年，40-42頁。
6)　観光動機の分類はドイツのグリュックスマンによって観光の原因として発表された（図表序-1）。わが国でも，観光事業研究の先達・田中喜一によってグリュックスマンの観光の原因に準拠した観光欲求・動機の分類が行なわれている（田中喜一『観光事業論』観光事業研究会，1950年，76-94頁）。

動の始原を遡る時に，観光欲求・動機という概念が成り立つ（図表2-1）[7]。

　心理学的な観点から分析すると，観光欲求・動機はプッシュ要因とプル要因に分類されている[8]。プッシュ要因とは，観光者に観光行動を生じさせるために後押しする個人的・心理的な要因であり，観光者の内的誘因に条件づけられている。プル要因とは，観光者に特定の観光地を選択させる動機や理由であり，魅力的なモノやコトのような外的誘因に条件づけられている。プッシュ要因とプル要因に加えて，観光するための経済的・時間的な条件が整った時に観光行動が生起する。だが，実際の観光行動は多様であり，同一の観光者であっても時間，場所や動機の相違によって同じ観光行動をするとは限らない[9]。

　さて，旅行途上における観光者の心理をみれば，緊張感と解放感が相反すると同時に双方ともに高まっていることがわかる。日常生活を離れ，未知の土地を旅行することは，観光者の緊張感を強め，肉体的・精神的な疲労を増大させるからである。一方，日常生活から抜け出すことは，そこに附随している色々な束縛を一時的かもしれないが忘却させ，解放感をもたらすからである。また，緊張感は観光地における観光者の感受性や情緒性を高めるように作用するし，解放感も緊張感との相互作用で一段と高められていくからである。

　さらに，観光者の緊張感や解放感は，どのような種類の旅行であるのかによっても変化する。すなわち，個人旅行・団体旅行，教養旅行・慰安旅行，先進地域や先進国の旅行，発展途上地域や発展途上国の旅行なのかにも依拠する。一般に，個人旅行，視察旅行，先進地域や先進国を旅行するほうが，団体旅行，慰安旅行，発展途上地域や発展途上国を旅行するよりも観光者の緊張感が強まる傾向となる。だが，個々の心理は多様であり，こうした類型化には例外がある。それゆえ，観光事業は観光者の満足を追求するために，常に人々の心理を

---

7)　前田勇『観光とサービスの心理学－観光行動学序説－』学文社，1995年，68-69頁。

8)　佐々木土師二『旅行者行動の心理学』関西大学出版部，2000年，30-31頁，83-84頁。

9)　出口竜也「観光動機と満足」大橋昭一編『現代の観光とブランド』同文舘出版，2013年，27頁。

把握し直していく必要性がある[10]。

　そこで，観光行動の特性を踏まえたうえで観光者から満足を引き出すために，観光事業はどのような対応をすべきかを考えていきたい。一般的に，人々は観光行動から得られた満足の度合が高いほど，その観光事業への忠誠心が高まる。また，満足度の高い観光者がその観光事業に対する肯定的な口コミをするならば，新たな観光者がその観光事業を利用する可能性が高まるとされる。つまり，観光者満足が観光事業の発展を規定していくのである。したがって，観光事業にとっては顧客の満足を高めることが自らへの忠誠心の向上につながる。

　その過程は次のようになる（図表2-2）。すなわち，観光者の観光欲求・動機（プッシュ要因とプル要因）が，観光地や利用する観光事業のイメージを形成する。観光者がかつてその観光地を訪れた経験が，あるいは過去にその観光産業（交通業・宿泊業・旅行業）や観光関連産業，観光関連公益団体や行政機関，すなわち観光事業を使ったことがあれば，その時のイメージを想起する。一方，初めて訪れる観光地や利用する観光事業の場合，観光情報を通じた観光地や観光事業のイメージ形成が重要な役割を果たす。ただし，このイメージに基づいて確かに観光への期待は形成される。だが，イメージは観光者の五感覚器官の実体や機能と，それらを通じて合成像を創りだす能力によって規定されるため，期待水準は個人によって差異があることを看過してはならない。

　こうして形成されたイメージや期待を基準にして，実際の観光行動が行なわ

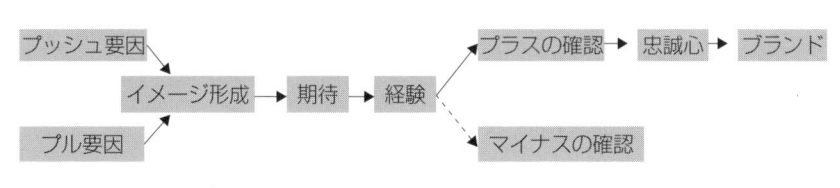

図表2-2　観光者満足形成の全体的過程

プッシュ要因 → イメージ形成 → 期待 → 経験 → プラスの確認 → 忠誠心 → ブランド
プル要因 → イメージ形成　　　　　　　　　　　　 → マイナスの確認

（出所）　大橋昭一『観光の思想と理論』文眞堂，2010年，127頁。

---

10)　前田勇・橋本俊哉「観光行動を成立させるもの」前田編，前掲『改訂新版　現代観光総論』122-123頁。

れる。その過程と事後的反省を通じて，観光者は期待以上（プラス）か，あるいは期待以下（マイナス）かの判断をくだす。プラスの判断がなされた場合に，当初の目的が充足されるために，その観光行動から観光者は満足を得る。この満足は観光地や観光事業に対する信頼や忠誠心を生み，結果として，当該の観光地や観光事業のブランド構築につながる[11]。

ただし，観光者満足は一般の消費者満足とは異なる点がある。なぜなら，観光者満足が形成されたにもかかわらず，満足を得られた観光地を再び旅行するとは限らないからである。できるだけ異なる観光地を訪れたいという観光欲求・動機が多くの観光者にあるからである。

また，観光者満足は観光地や観光事業を包括的に認識することでも，あるいは個々の観光地や観光事業を構成する個別要素だけを認識することでも得られる。それゆえ，ある構成要素の満足が他の構成要素の不満を相殺する場合もある。特に観光者が目的とする観光資源や観光地に満足すれば，旅行全体としての満足が創出される。だが，ある構成要素の不満が他の構成要素の満足に低い評価を与える可能性もある[12]。

第2節　観光者の類型化と文化資本

人間の認識は欲望や欲求に相当するものである。欲望とは人間的な成長や発達にとっての自然的・社会的な必要を客観的基礎とするもので，欲求とは具体的な財やサービスの有用性として欲望が社会的・文化的な影響を受けながら現れたものである。ただし，欲望・欲求には，生命体を維持するための自然的必要を正確に反映した欲望・欲求と，そうした自然的必要が社会的・文化的な影響を受けて歪んだ欲望・欲求の2つがある。

多くの場合，欲望・欲求は，人間の自然的必要を正確に反映するよりも，む

---

11) 出口竜也「観光動機と満足」大橋編，前掲『現代の観光とブランド』31頁。なお，ブランドには象徴機能と品質保証機能という2重の機能がある。
12) 竹林明「観光地ブランドの2側面」大橋編，同上書，126-129頁。

しろ家庭環境や教育環境，あるいは個人レベルにおける具体的な社会的ネットワークなどから主に修得される価値観や文化資本，さらに可処分所得や自由時間，さらに情報のような社会的な影響を受けている。つまり，欲望・欲求が必ずしも正確に自然的必要を反映している訳でないといえる[13]。すなわち，自然的必要にまず社会的必要が加わっている。これが五感覚器官を通じて頭脳に反映されると欲望が形成される。続いて欲望がさらに社会的・文化的な影響を受ければ欲求となる。欲求は特定の財やサービスを充足する行動となって現出していく。ゆえに，観光者の欲望・欲求は自然的必要を正確に反映したものというよりも，そこに社会的・文化的な影響も加わって形成されたイメージといえる。欲望・欲求は本人と他者との相互作用を通じて形成されている。それゆえ，観光は人々の社会的行為として認識できる。

　例えば年間を通じて日照時間の短い地域に暮らす北欧の人たちが，夏場に日光を求めてより南の地域へ移動し，そこに長期滞在することがある。そうした観光は生命体を維持するための必要を反映した欲望といえる。だが，その欲望を具体的にどこで充足するのかといった欲求の段階になると，例えば幼少期に訪れていたリゾートを志向してしまう観光者の観光欲求・動機，あるいは可処分所得，時間や情報，さらに交通機関などによっても影響を受けている。

　そこで観光行動を，まずは観光欲求・動機，すなわちプッシュ要因とプル要因の視点から検討してみよう。ここでプッシュ要因とは，観光したいという衝動を伴う人々の内的誘因のことであった。プッシュ要因は，さらに何らかの目的をもって観光しようとする欲求と観光を通じて脱日常さえできればよい欲求とに分けられる。それら2つのプッシュ要因に観光者の価値観や文化資本の蓄

---

13) 例えば，サーリンズ（M. Sahlins）の次の指摘が正鵠を射ている。すなわち「使用価値は，もっぱら《必要》や《欲望》の自然的レベルで理解されてはならない…（引用者－略）…この使用価値の決定は，人々が自分自身との関係でモノを，またモノとの関係で自己を相互に定義する社会生活の連続的な過程をあらわしている」(Sahlins, M., *Culture and Practical Reason*, London：The University of Chicago Press, 1976, p.169，山内昶邦訳『人類学と文化記号論－文化と実践理性－』法政大学出版局，1987年，224頁)。

積度,その観光に配分できる金額や時間が関与していく。

　一方,プル要因とは観光者を特定の観光地に向かわせる力,つまりその観光地の魅力という外的誘因,すなわち誘致力であった。それは観光情報を介して発信されている。例えば,観光資源の価値,観光地の気候や治安,宿泊施設や食事内容の品質,ホスピタリティの程度,アクセス・イグレス交通機関の種類や乗換回数などが挙げられる。こうしたプル要因のうち,どれが重視されるのかは,プッシュ要因との相乗効果によって規定された観光地や観光事業のイメージに左右されやすい[14]。結果として,それが観光行動となって現れていくために,プル要因は観光開発に際して,開発主体が留意すべき事項となる。

　続いて観光行動を,アロセントリックなタイプ（allocentrics）,サイコセントリックなタイプ（psychocentrics）,ミドセントリックなタイプ（midcentrics）という観光者の特徴から類型化していきたい。行動タイプが判断できれば,その観光者がどのような観光地を好む傾向があるのかの理解に役立つからである。第1にアロセントリックなタイプとは,多様な変化のある行為を選好する人々のことである。冒険心,探究心が旺盛で,自信に満ち溢れ,新しい場所を好んで訪れる観光者が該当し,アフリカや南太平洋などの観光を好む。

　第2にサイコセントリックなタイプとは,自身の考えや関心を中心におく人々のことである。内向的で冒険心が少なく団体旅行を志向し,行き慣れた観光地や自国と同じ施設を好む観光者である。第3にミドセントリックなタイプとは,アロセントリックなタイプとサイコセントリックなタイプの中間に位置し,多くの観光者がここに該当する。個人旅行を志向し,施設の完備された人気がある観光地を好む観光者である[15]。なお,観光者がいずれのタイプに該当するのかは,観光者の家庭環境や教育環境,社会的ネットワークなどから主に規定される文化資本に左右されると考えられる。それは客観的な外的存在の合

---

14) Dan, G. M.S., "Anomie, Ego-enhancement and Tourism", *Annals of Tourism Research*, Vol. 4, No. 4, 1977, pp. 184–194.

15) Plog, S., "Why Destination Areas Rise and Fall in Popularity", *Cornell Hotel and Restaurant Administration Quarterly*, Vol. 42, No. 3, 2001, pp. 13–24.

成像（イメージ）を原基形態として形成されたものである。

　そこで観光行動を規定する要因として，文化資本に注目してみたい。そもそも文化資本とはいかなる概念であるのか。それを理解するため，文化と資本に分けてその本質を把握していくことにしよう。まず文化とは，人間が自然と社会に関与し，それらを発展させていく過程で創りだしたものである。例えば，蒸気機関，江戸文化やバロック音楽のように，社会発展の一定段階で人間が到達した技術，生産，教育，科学，文学や芸術の水準に文化は現れている。そのため，文化は物質的価値と精神的価値を包摂している。次に資本とは，物事の源泉として作用すると同時に，物事を蓄積しながらそれを質的・量的に変容させていくものである。つまり，資本は自由な立場で，川上に位置しながら，行為を主体的に牽引していく働きをする。それゆえ，社会の中に構造化され固定化された商品とは異なり，構造化する構造に資本の特徴がある[16]。

　したがって，文化資本は文化を動かす中心的な力であり，社会生活を営むうえでの関係を構築する契機として作用する概念である。文化資本が観光行動に影響を与えている点に鑑みて，次に文化資本の成立過程と構造を概観しておこう。そもそも文化資本はフランスの経済社会学者ブルデュー（P. Bourdieu）によってまとめられたもので，身体化された状態，客体化された状態，および制度化された状態の3つに分けられている[17]。

　第1に身体化された状態の文化資本とは，言語，態度，能力，習慣，あるいはハビトゥス[18]などのように，家庭環境，学校や企業の教育環境を通じて本人が学習，訓練や経験をしたもの，完全に自身の一部へと化した知識，教養，技能，趣味，感性などのことである。身体化された文化資本は，労働市場において投資でき，給与として一定の利益分配が期待できる。つまり，経済資本に

---

16) Swartz, D., *Culture & Power : The Sociology of Pierre Bourdieu*, Chicago : The University of Chicago Press, 1997, pp. 73-75.
17) Bourdieu, P., "Les trois états du capital culturel", *Actes de la recherche en science sociales*, No. 30, 1979, pp. 3-6（福井憲彦邦訳「文化資本の3つの姿」『アクト』No. 1, 1986年, 18-28頁）.

転化できる。しかし，身体化された文化資本は，人間の体と不分離なため，本人にしか蓄積できない。さらに，そのままでは目にみえない。それゆえ，例えば観光者の文化資本は，話し方や立ち振る舞いなどのように，外在化された言葉や所作を通じて間接的に推し量るしかない。つまり，客体化・制度化された文化資本と比べて，身体化された文化資本は最も隠蔽度が高い。

第2に客体化された状態の文化資本とは，書籍，新聞，事典，絵画，映画，テレビ，ラジオ，コンパクトディスク，ビデオカメラ，パソコン，建築物，家具などといった物的な財に文化が記録されたものである。人間の労働が関与している人文観光資源をみるならば，そこには作者の身体化された文化資本が物質に対象化されている。ただし，観光者がその価値を享受するためには，「文化的な財は物質的な獲得の対象となるが，経済資本が前提になる。また，象徴的所有の対象にもなりうるが，文化資本が前提となる」という点を看過できない[19]。すなわち，人文観光資源のような文化財は資金があれば物質的に所有できる。また，象徴的にも所有できる。しかし，文化財の象徴的な所有に至る前提として，その文化的価値を識別できる鑑賞眼が予め観光者に身体化されていなければならない。つまり，身体化された文化資本が自身に備わっていないと客体化された文化資本をそれとして認識できないのである[20]。

第3に制度化された状態の文化資本とは，身体化された文化資本が第3者によって公式に判定され，資格として客体化されたものである。公的な試験とい

---

18) ハビトゥスとは，思考・知覚・表現・行為を生み出していく能力（構造化する構造）とその枠組み（構造化した構造）のことで，個人の行動を条件づけている
  (Bourdieu, P., *La distinction : Critique sociale du jugement*, Paris : Les Éditions de Minuit, 1979, pp. 189-195, 石井洋二郎邦訳『ディスタンクシオンⅠ－社会的判断力批判－』藤原書店，1990年，260-268頁；*Id.*, *Le sens pratique*, Paris : Les Éditions de Minuit, 1980, chapitre 3, 今村仁司・港道隆邦訳『実践感覚Ⅰ』みすず書房，1988年，第3章)。

19) Bourdieu, P., "Les trois états du capital culturel", *op.cit.*, p.5（福井邦訳，前掲「文化資本の3つの姿」25頁）。

20) 石井洋二郎『差異と欲望－ブルデュー『ディスタンクシオン』を読む－』藤原書店，1993年，34-38頁。

うフィルターを通過すれば獲得できる資格，例えば学士，医師，弁護士や税理士，操縦士などが制度化された文化資本である。ただし，その判定基準は多かれ少なかれ恣意的であるにも関わらず，法的に境界線が制度化されているゆえに，客観的なものとされる。ブルデューは「制度化する権力のもつパフォーマティブな魔術」と呼んでいる[21]。旅行業務取扱管理者（総合・国内）や旅程管理主任者（総合・国内）が旅行業における事例として挙げられる。

観光行動の視点から重要と考えられるのは身体化された文化資本である[22]。なぜなら，場の状況に応じた観光行動を生起させる構造を規定しているからである。文化資本が身体化される主な場所として，ブルデューは家庭環境，学校や企業の教育環境を挙げていた[23]。だが，近年では，個人と社会との結びつきが変容したため，個人が組み込まれている具体的な社会的ネットワークにおける相互行為を通じて身体化された文化資本が形成されるとの見解もある[24]。

つまり，文化資本の身体化は家庭環境や教育環境，社会的ネットワークを通じて主に修得されている。同時に，身体化された文化資本は観光行動の基礎をも形成している。そして個人的ハビトゥスを基軸とする文化資本と，行為がなされる状況や環境とが相互作用することで観光行動が生み出されていく[25]。そこには観光者の慣習的行動－規則性（構造化した構造）をもつが，多様に転調可能な行動の編成体系（構造化する構造）－が作用している[26]。すなわち，観光行動（個体発生）は場の状況や環境とともに観光者に身体化された社会的諸構造

---

21) Bourdieu, P., "Les trois états du capital culturel", *op.cit.*, p.5（福井邦訳，前掲「文化資本の3つの姿」27頁）.
22) イギリスの社会学者アーリ（J. Urry）は，ブルデューの文化資本の議論を援用し，異なる社会階層における観光行動の差異を説明している（Urry, J., *The Tourist Gaze : Leisure and Travel in Comtemporary Societies*, London : Sage, 1990, pp.87-89, 加太宏邦訳『観光のまなざし－現代社会におけるレジャーと旅行－』法政大学出版局，1995年，156-160頁）.
23) Bourdieu, P., *op.cit.*, pp.70-74（石井邦訳，前掲『ディスタンクシオンⅠ』101-106頁）.
24) Crossley, N., "Social Class", in Grenfell, M. (ed.), *Pierre Bourdieu : Key Concepts* (2nd edn.), Durham : Acumen, 2012, p.91.
25) Bourdieu, P., *op.cit.*, p.112（同前邦訳書，159-160頁）.

（系統発生）を繰り返すのである。ただし，図表2－1に示したように，新たな観光行動はさまざまな社会的・文化的影響を受けている。

第3節　観光行動の類型化と観光情報

　観光行動は，観光者における観光の意図（内的条件），観光事業の利用（外的条件），意図の達成という3つを組み合わせることで説明される（図表2－3）。なぜなら，観光行動の内的条件は外部から客観的に認識できない。そこで観光事業を利用したか否かという外的条件で，観光行動なのかどうかを判定することになるからである。すると，観光事業を利用する観光行動は，パターン1と2，およびパターン5と6として認識できる。一方，観光事業を利用しないとしても，観光の意図があれば，観光行動のパターン3と4として成立する[27]。

　観光行動は観光目的による分類や移動パターンによる分類もできる。第1に，観光の主たる目的に従って観光行動を把握するベルネッカー（P. Bernecker）の類型化をみてみよう[28]。それは保養的観光（転地療養），文化的観光（修学旅行，見学旅行，宗教行事への参加など），社会的観光（親睦旅行，新婚旅行など），スポーツ観光（スポーツ観戦を含む），政治的観光（政治的出来事の見物を含む），および経済的観光（見本市・展示会の見物を含む）に分けて観光行動を認識している。第2に，移動パターンで観光行動を把握してみよう。それは周遊型観光と滞在型観光に分けられる[29]。前者は複数の観光地や観光対象を回遊する観光行動である。一方，後者は特定の観光地に一定期間滞在しながら，そこでの活動を主な目的とする観光行動である。

---

26)　Bourdieu, P., *Esquisse d'une théorie de la pratique : Précédé de trois études d'éthnologie Kabyle*, Genève : Librairie Droz, 1972, pp. 174–175.
27)　前田，前掲『観光とサービスの心理学』13–14頁。
28)　Bernecker, P., *Grundlagenlehre des Fremdenverkehrs*, Wien : Österreichischer Gewerbeverlag, 1962, S. 12–15.
29)　橋本俊哉「観光と行動」岡本伸之編『観光学入門－ポスト・マス・ツーリズムの観光学－』有斐閣，2001年，66–67頁。

第2章　観光行動と観光情報

図表2-3　観光行動のパターン

パターン	観光の意図	観光事業の利用	意図の達成
1	〔有〕	〔有〕	〔有〕
2	〔有〕	〔有〕	無
3	〔有〕	無	〔有〕
4	〔有〕	無	無
5	無	〔有〕	（経験有）
6	無	〔有〕	無

（出所）　前田勇『観光とサービスの心理学-観光行動学序説-』学文社，1995年，13頁。

　さて，観光者における観光の意図は観光欲求・動機ともいえるであろう。それが具体的な観光行動になるに際しては，観光情報が大きな役割を果たしていた（図表2-1）。観光情報は，マスメディア（新聞・雑誌，テレビ放送・ラジオ放送，インターネットなど），旅行会社，地元のホテルや旅館，観光協会，口コミなどによって，収集，編集・加工，発信されてきている。観光情報が限定され，マス・ツーリズムが情報発信の主流となっていた時代では，同質で多少古びた内容の観光情報でも問題視されることは少なかった。だが，個人旅行が増えてきた近年では，観光欲求・動機は観光者の価値観や文化資本における多様性を反映して，個性的なものになってきている。そのため異質で最新の観光情報を発信するには，アンケート調査などを通じて観光者1人ひとりの観光欲求を外在化・データ化し，これを標的に発信することが観光事業従事者にとって必要な段階となっている。

　観光情報は，観光者が出発前に入手する発地情報と，目的地到着後に手に入れる着地情報とに分けられる。インターネットが普及する以前，発地側で収集できる観光地の情報には限界があった。ガイドブックやパンフレットなどの紙媒体が主な情報源であったが，そこから得られる情報は画一的で必ずしも直近の状況とは限らなかったからである。しかしながら，情報通信技術（ICT）の急速な発達により，今ではインターネットのウェブサイトに多くの人々が容

易にアクセスできる時代になった。それゆえ,観光地は独自で最新の観光情報を発信できるようになった。また,観光者も自宅に居ながら希望する観光地の情報を入手できるようになった。観光情報の質と量が格段に発展したのである。

そこで,観光者の情報検索の仕方,すなわち情報探索行動をみてみよう。すると,それは内部情報探索 (internal information search) と外部情報探索 (external information search) に分けられる[30]。内部情報探索とは,観光欲求を自覚した時に,これを充足する選択肢があるのかを確認するため,自身の旅行経験など長年にわたって蓄積されている個人的な観光情報を検索することである。一方,外部情報探索とは,内部情報探索だけでは意思決定できないと判断した場合,ガイドブックやインターネット,知り合いからの口コミなどといった外部の情報源から観光情報を入手する検索プロセスのことである。

実際には,観光地や観光に関連する事項の多くは常に変容しているので,内部情報探索と外部情報探索とを併用していると考えられる。たとえ経験豊富な観光者であっても,特にインターネットのウェブサイトを通じて最新の観光情報を入手できるので,自らの観光行動における意思決定に際して,外部情報探索を活用する可能性が高いからである。

次に,観光行動に合わせて観光者はどのような内容の情報を検索するのかをみてみよう。大別すると,動機づけの段階,計画の段階,予約の段階,実際の観光の段階に依拠しながら,観光情報を探し求めている。実際の観光の段階に至るまでに,観光対象ないし観光資源に関する点情報,自宅から観光地までの移動に関する線情報,点情報と線情報を総合化した面情報,面情報をバーチャル・リアリティ化した空間情報が各段階で必要となるからである[31]。

第1に点情報とは,個々の観光資源に関する観光スポット情報である。例えば,風景,温泉,気候・風土,自然現象などの自然観光資源,文化財,史跡,

---

30) Crotts, J. C., "Consumer Decision Making and Prepurchase Information Search", in Pizam, A. and Y. Mansfeld (eds.), *Consumer Behavior in Travel and Tourism*, New York：Routledge, 2000, pp. 149–168.
31) 佐藤喜子光「観光情報と観光情報産業」岡本編,前掲『観光学入門』76–83頁。

名所，伝統的建造物群などの人文観光資源，その他，都市，テーマパーク，行事，衣食住，スポーツ，工場施設，観光牧場などに関する情報が挙げられる[32]。さらに，ホテルや旅館といった宿泊施設，郷土料理を提供するレストランのような飲食施設も点情報に含まれる。点情報では，場所，営業・開館時間，内容，料金，交通機関の利用方法が求められる。

第2に線情報である。観光を日常生活圏外への場所的移動として認識すれば，自家用自動車，鉄道，バス，タクシー，レンタカー，航空機，船舶などの交通機関を利用することになる。それゆえ，自宅から観光地までの往復交通機関（1次交通）および観光地における交通機関（2次交通）に関する線情報が求められる。すなわち，利用区間，所要時間や頻度，具体的な交通機関の運賃・料金や利用方法が探索される。特に外国旅行では，1次交通だけでなく2次交通である現地の交通機関（鉄道，バスやタクシー，レンタカーやレンタサイクル）に関する最新で正確な利用情報が求められる。

第3に観光地における点情報と線情報を総合化した面情報である。マスメディアや各地の観光協会が作成しているガイドブック・観光地案内地図が面情報に相当する。面情報は，観光資源，宿泊施設や飲食施設，土産品店などの地理的分布情報を，絵地図，索引，簡単な説明文とともに網羅している。だが，詳細な情報を求める観光者にとって，個別情報の概略を掲載している面情報は不十分な内容となっている。

第4に空間情報である。特定の観光地にある観光資源が網羅された面情報にテーマ性，シナリオ性，偶然性，双発性を加えて再編集したものが空間情報である。空間情報は点情報と線情報を総合化した面情報に不足する内容を補う機能をもつ。それは観光者1人ひとりから生じる観光欲求・動機への対応を意図している。つまり，面情報が観光情報を発信する側に立脚した内容となっている一方で，空間情報は観光情報を受信する側を重視した内容になっている。必要な観光地に関する情報を自由に探索できる仕組みである。

---

32) 足羽洋保『観光資源論』中央経済社，1997年，7頁。

最後に，実際の観光段階では，事前に入手した観光情報に加えて，現地ガイド，宿泊したホテルや旅館，あるいは土産品店などで働く現地の観光事業従事者から直接に入手した情報を活用して，人々は観光行動を起こすこともある。現地で入手した観光情報は，まだその地域に暮らす人々以外に知られていないことが多いため，希少価値をもつからである。

　観光は有形財と異なり，実際に行動した後でないとその価値を十分に理解できない即時財である。したがって，観光行動に至るまでの段階で，観光者にどこまでそのイメージを膨らませられるのかが重要になってくる[33]。個人差はあるが，一般的に自然的・社会的な必要と社会的・文化的な影響を反映した合成像（イメージ）に従って観光者は行動を起こすからである。その点を踏まえると，バーチャル・リアリティを体験できる空間情報は，観光行動を生じさせるための重要な手段に位置づけられる。観光者の情報活用能力が向上しつつあるゆえに，空間情報の積極的な提供が期待される。それゆえ，観光事業者にとって空間情報の発信能力を向上させることは必須である。

---

33)　中村哲「観光行動に影響をおよぼすイメージと情報」橋本俊哉編『観光行動論』原書房，2013年，65-86頁。

第3章　観光事業の構造と観光の諸効果

第1節　観光事業の概念と構造

　観光事業の成立時期は，外貨の獲得を目的として西欧や日本の政府が国際観光事業に取り組んでいた第1次世界大戦後にまで遡れる[1]。当時，国際観光事業は経済復興政策の一環に位置づけられ，外国人旅行者の誘致による観光収入（tourism revenue）の増大とその受入れ体制の整備を目的としていた。その後，国内観光事業が活性化してくると，地方自治体もその役割を担っていった。このように国際観光事業と国内観光事業を対象とする観光事業は公益的な立場から当初は取り組まれていた。それゆえ，観光事業の公益的側面が重視され，必要に応じて個々の企業に指導監督や助成が実施される程度だった[2]。

　第2次世界大戦後，平和産業の典型である観光事業は戦後の停滞期を経て再び成長を始めた。特に先進諸国では，可処分所得の上昇，自由時間の増大，交通機関の大型化などにより旅行の基礎的な条件が1960年代前後から整ってきた。マス・ツーリズム（発地主導型観光）の時代へ移行していったのである。さらに社会経済的な環境の変容につれて，観光事業の実態も変わっていった。公益的な立場から国や地方自治体が観光を促進することに加えて，営利的な立場から，観光産業が能動的に観光者の増大に取り組むようになってきたからであった。

　したがって，これまで公益的な立場から捉えられていた観光事業の中に，営

---

[1]　当時，わが国では観光事業ではなく外客誘致事業という言葉が使われていた。観光事業という言葉は，1930年4月に外客誘致のために国際観光局が設置された時から使用され始めた（井上萬壽蔵『観光教室』朝日新聞社，1957年，84頁）。

[2]　井上萬壽蔵『観光と観光事業』財団法人国際観光年記念行事協会，1967年，118頁。

利的な立場から企業活動をしている観光産業や観光関連産業を積極的に観光事業の構成要素として認識するに至った（図表3-1）[3]。つまり，観光事業は公益的な立場から政府（国や地方自治体）が観光政策を講じること，およびその政策との整合性に留意しながら営利的な立場から民間の観光産業や観光関連産業が事業を展開することになった。

図表3-1　観光事業の発展段階

発展段階	時代	経営類型	事業主体	主要企業	旅行者層
自然発生的観光事業	古代から19世紀の半ば	寄生型観光事業	生業的業態	馬，馬車，駕籠，木造船，宿屋	貴族，武士などの特権階級と庶民の宗教的観光旅行
媒介サービス的観光事業	19世紀半ばから第2次世界大戦まで	媒介型観光事業	企業，国家	鉄道，蒸汽船，ホテル，旅館，旅行業	特権階級と庶民の一部
開発・組織的観光事業	第2次世界大戦の終結以降	開発型観光事業	企業，国家，公益団体	鉄道，船舶，航空機，自動車，ホテル，旅館，旅行業，観光開発業，その他	一般大衆

（出所）　小谷達男「観光事業の性格と構成」鈴木忠義編『新版　現代観光論』有斐閣，1984年，101頁を一部修正。

　さて，観光事業は観光を基礎に成立しているので，観光とは何かを再確認しておこう。第1章第1節で記したように，観光には，需要者の視点から概念化した狭義の観光と，供給者の観点から概念化した広義の観光という2重構造があり，両者が相互に影響し合っていた。したがって，観光と観光事業の相互補完性を踏まえると，社会現象としての観光は，自然の成り行きにまかせず，観光者に政策的意図をもって働きかける点が肝要となる[4]。つまり，自然発生的

---

3)　同前書，118-119頁。
4)　井上，前掲『観光教室』83頁。

な観光行動ではなく，観光の目的を理解したうえで，観光行動を創出するように観光者と観光資源へ人為的に働きかけることが観光事業の目的となる。

観光の目的は，観光者が自らの自然的・社会的な必要を基礎とする欲望・欲求，特に観光欲求を充足するために，観光行動を通じて主観的な満足を得ることにあった。一方，観光者を受入れた地域社会や国家の観光産業ないし観光関連産業には観光収入という経済的効果が生み出されていく。また，住民や国民には社会的・文化的効果（経済外的効果）も生じていく。それゆえ，そうした観光の諸効果を創出するために，観光事業を通じて政策的に観光者，広義の観光産業や観光資源に働きかけていくことが国や地方自治体に求められる。

図表3-2　観光事業の諸効果

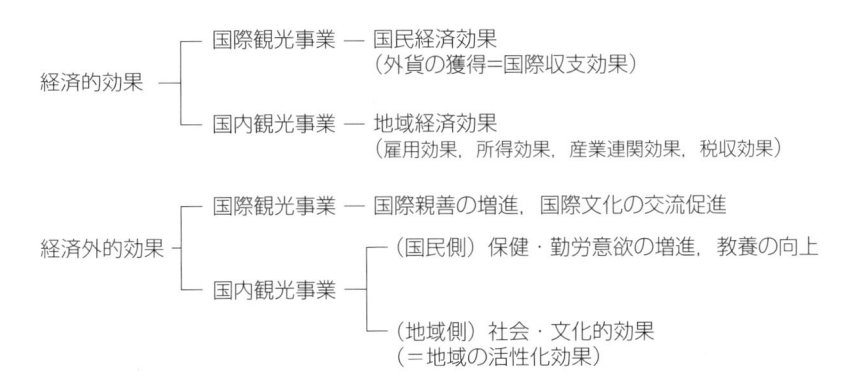

```
                ┌─ 国際観光事業 ─ 国民経済効果
                │                （外貨の獲得＝国際収支効果）
経済的効果 ─────┤
                └─ 国内観光事業 ─ 地域経済効果
                                （雇用効果，所得効果，産業連関効果，税収効果）

                ┌─ 国際観光事業 ─ 国際親善の増進，国際文化の交流促進
                │
経済外的効果 ───┤                 ┌─（国民側）保健・勤労意欲の増進，教養の向上
                └─ 国内観光事業 ─┤
                                  └─（地域側）社会・文化的効果
                                            （＝地域の活性化効果）
```

（出所）　小谷達男『観光事業論』学文社，1994年，26頁。

すなわち，観光行動から経済的効果と経済外的効果が生まれることを前提に，政策として経済的効果と経済外的効果を創出していくことが観光事業の目的となる（図表3-2）。換言すれば，合目的的に観光の効用を高めること，すなわち経済的効果と経済外的効果を創り出すことが，観光事業の立脚点となっている[5]。つまり，観光事業の目的は観光産業や観光関連産業による私的な経済的効果を超えて，住民や地域社会，さらには国家に，経済的・社会的・文化的効

---

5)　効果とは，予測できる事柄に対して使用される。

果,すなわち公益的効果を及ぼしていくことにある。ここに民間の観光産業や観光関連産業が観光市場で果たす役割を踏まえながら,観光政策として観光事業を講じていく根拠がある[6]。

観光事業を構成する要素は,観光産業,観光関連産業,観光関連機関(行政機関,公益団体)に大別できる。観光産業とは観光行動の直接的な対象となる企業である。一方,観光関連産業とは観光行動に付随する企業である。観光産業には,交通業,宿泊業,旅行業,土産品店などが挙げられる。観光関連産業には,ショッピング目的の一般の商店,飲食店,映画館,銀行,クレジット会社,農林水産業や地場産業などが挙げられる(図表3-3)。なお,広義の観光産業は観光産業と観光関連産業から構成されている。

図表3-3 観光事業の構成

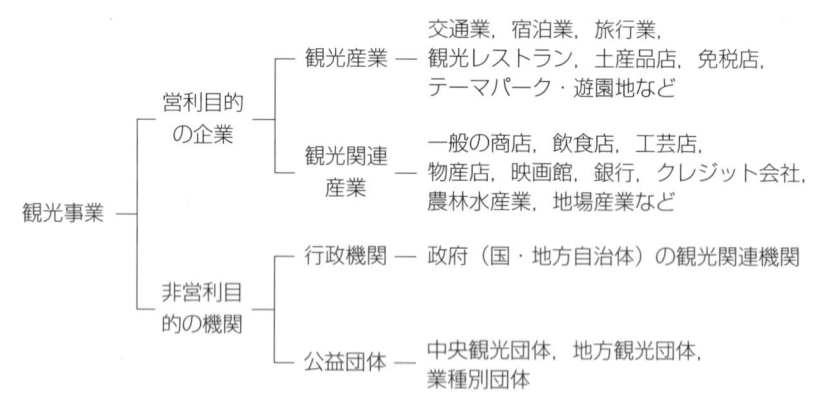

```
                         ┌─ 観光産業 ── 交通業,宿泊業,旅行業,
             ┌─ 営利目的 ─┤              観光レストラン,土産品店,免税店,
             │   の企業   │              テーマパーク・遊園地など
             │           │
             │           └─ 観光関連 ── 一般の商店,飲食店,工芸店,
観光事業 ──┤              産業         物産店,映画館,銀行,クレジット会社,
             │                          農林水産業,地場産業など
             │           ┌─ 行政機関 ── 政府(国・地方自治体)の観光関連機関
             └─ 非営利目 ┤
                的の機関 └─ 公益団体 ── 中央観光団体,地方観光団体,
                                          業種別団体
```

(出所) 小谷達男「観光事業の性格と構成」鈴木忠義編『新版 現代観光論』有斐閣,1984年,110頁,および河村誠治『新版 観光経済学の原理と応用』九州大学出版会,2008年,145頁を一部修正。

観光関連機関は政府(国や地方自治体)の行政機関と,政府の観光施策の執行を補助する公益団体から構成される。行政機関は観光事業の健全な発展と来訪者の促進を図るために,わが国では観光庁やその他の省庁が公益性の観点から

---

6) 小谷達男『観光事業論』学文社,1994年,26-27頁。

観光施策を策定・執行している。公益団体は中央観光団体と地方観光団体に分かれる。中央観光団体は地方団体を傘下にもつと同時に業種別全国組織を傍系団体として構成し，構成員相互の連携をとりながら観光事業の公益的な効果に寄与することを目的として活動している[7]。一方で，地方観光団体は観光地の運営と発展に資するように地域の実情に合わせた活動内容を行なっている。

　さて，公的な諸効果を民間の観光産業や観光関連産業を通じて達成しようとするところに観光事業の特徴があった。そこで，観光事業の基本的な構造をみていくと，それは観光主体，観光客体，観光媒体という構成要素間の関係で示される。観光主体とは観光者に，観光客体とは地域社会を含む観光資源に，観光媒体とは観光産業や観光関連産業，すなわち広義の観光産業にそれぞれ相当する。したがって，観光事業の基本的な構造は，観光主体の欲求が観光客体から得られる主観的な満足で充足されるという関係にある[8]。

　観光事業の目的は，合目的的に観光の効用を高めること，すなわち経済的効果と経済外的効果を創出することにあった。広義の観光産業の立場から捉えなおすと，観光主体と観光客体との間で観光欲求が自然に発生するのを傍観するのではなく，観光欲求が創出されるように観光主体（観光者）と観光客体（観光資源）へ能動的に働きかけていくことが目的となる。つまり，広義の観光産業は観光主体と観光客体とを媒介する機能をもっている。それゆえ，それは観光媒体と呼ばれる。観光媒体としての広義の観光産業が経済的効果や経済外的効果を創出する機能を果たしていく。

　観光主体，観光客体，観光媒体の関係をみるならば，観光媒体が観光施設の経営や観光資源の管理・運営を通じて，観光主体へ観光上の便益機能を提供する関係となっている。ただし，観光資源には国民的文化遺産や国民的共有財産

---

[7] 中央観光団体には公益社団法人日本観光振興協会が挙げられる。業種別団体には，宿泊業の代表として一般社団法人日本ホテル協会，一般社団法人日本旅館協会が，旅行業の代表としてJATA（一般社団法人日本旅行業協会）やANTA（一般社団法人全国旅行業協会）がある。

[8] 小谷達男「観光事業の性格と構成」鈴木忠義編『新版　現代観光論』有斐閣，1984年，102頁。

と認識されているもの,すなわち文化財や自然景観も含まれる。そのため,観光資源の管理・運営に関しては民間の観光産業や観光関連産業よりも,むしろ公共による保護・管理に委ねるべき部分が多いと考えられる。したがって,民間企業に委託されている観光施設の経営にも,観光資源を保護するために,一定の制約が課されることになる[9]。つまり,観光媒体は政府と広義の観光産業に区別できる。そして両者は観光者と観光資源に対して合目的的に働きかけながら,観光の効用を高め,観光の経済的・経済外的な効果を創り出していく。以上が観光事業の構造である（図表3-4）。

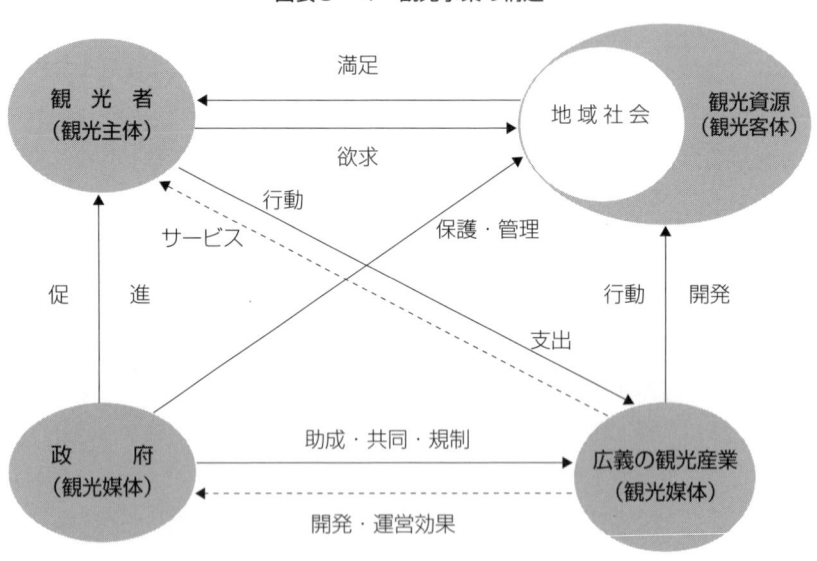

図表3-4　観光事業の構造

（出所）　小谷達男『観光事業論』学文社,1994年,32頁を一部修正。

しかし,そうした観光事業の構造と観光者との関係を固定化されたものと認識してはならない。確かに観光者は観光資源・地域社会や政府・広義の観光産業という観光事業の構造によって規定されている。だが,こうした構造の中で

---

9)　小谷,前掲『観光事業論』28-29頁。

観光者は各人のハビトゥスと資本を作用させて，場の状況や環境に応じた主観的な行動すなわち行動の生成的な編成を行なえる。つまり，観光者はそうした観光事業の構造と社会的諸構造を反映した身体化された文化資本とに規定されながらも，多様な観光行動を創出できる。それゆえ，観光行動は2重の構造と観光者の主観性との相互作用によって生成されていくといえる[10]。

第2節　観光の社会的・文化的効果

　観光の社会的・文化的効果を把握するに際しては，固有の場所における自然を基礎にしながら，その効果が形成されてきている点を看過してはならない。固有の場所における社会と文化はその場所の自然との間において相互に関連し合っているからである。この点を人類の誕生にまで遡ってみていこう。

　単純化していえば，太陽と月の働きによって地球表面の温度が一定に保たれたゆえに，長い年月を経て物質から生命体が誕生した。それから生命体の地球環境への適応と生命体の代謝による地球環境の変革を相互に気の遠くなるほどの年月をかけて繰り返し，生命体は進化し続け，人類が登場するに至った。すると，人間（人類）だけが他の生命体とは異なり労働が行なえることから，自然の人間化と人間の自然化が進展した。人間は労働でもって自然に観念的・実体的に働きかけて目的的に自然を変容させてきたし，現在もそうしている。逆に，人間的に造りかえられた自然から人間は再び影響を受けている。

　具体的には，人や物の移動に便利なように，人間は大河の河口に港や住居，都市を形成してきた。これは自然（水の浮力や平地）によって社会の形成がある程度まで規定されている一方で，人間は自らの都合に合わせて自然を変革してきたことを示している。また，それらを基礎に交易や市場などの社会制度を人

---

10) Rossi, I., *From the Sociology of Symbols to the Sociology of Signs : Toward a Dialectical Sociology*, New York : Columbia University Press, 1983, pp. 317-324（下田直春ほか邦訳『弁証法的構造社会学の探求－象徴社会学から記号社会学へ－』勁草書房，1989年，348-356頁）．

間は整備してきた。すなわち、その時代ごとの家族、学校、工場、地域や国家といった、人間が誕生してからの時代の流れすべてが、生活、生産、集団や組織、社会制度や社会意識に反映されている。これらが社会の実体であるゆえに、社会とは人間の生成・発展してきた歴史性そのものといえる。加えて、こうした社会の変遷において、特にその時代における偉大な歴史を創造してきた人類の英知を集めたもの、それをさらに昇華したものが文化となる。したがって、社会だけでなく文化にも固有の場所における自然が包含されている。

観光とは、そのような場所に固有の自然・社会・文化を観光対象に据えて、観光者が自らの観光欲求を充足する行動である。観光媒体としての政府と広義の観光産業は、観光者と観光資源に対して合目的的に働きかけながら観光の効用を高め、観光の経済的・経済外的な効果を創出していく目的をもっている。そこで、観光の社会的・文化的効果を考えるに際しては、政府と広義の観光産業がどのように観光の効用を高めるのかが問われることになる。ただし、3つの観光対象、すなわち自然・社会・文化のうち、自然環境を破壊しないように保全することがあらゆる観光事業の前提となっている[11]。

そもそも自然の生態系が崩れた場所は、観光資源としての価値を失っている。逆に、生命力を感じられる自然の生態系は、観光資源として高い価値をもっている。観光において自然は人間に生命の躍動を感じさせる、あるいは生命体の機能を回復させる作用をもつからである。観光資源としての自然が優れているほど、社会的・文化的効果との相乗効果が期待できる。換言すれば、自然は観光の社会的・文化的効果と重なり合っている。それゆえ、優れた自然環境や自然観光資源の保全が観光事業の一環として必要とされる。

また観光の文化的効果は、社会的効果とも重なり合っている。文化は特定の社会を母体として生成・発展してきているからである。ゆえに、観光の社会的効果は文化的効果を創り出す。一方、観光の文化的効果は社会的効果を高める作用をもっている。社会が文化を伝達する交流場所として機能し、文化が社会

---

[11] ここでの自然環境とは、地球上の人間社会を除いた外界の状態であり、自然観光資源を含んでいる。

のあり方にも影響していくからである。つまり，観光の文化的効果は，その社会的効果と相互連関性をもっている。こうした認識に基づいて，観光の社会的・文化的効果を形式と内容の順に検討していく。

まずは，観光の社会的・文化的効果の形式からみていこう。社会の形成過程を振り返れば，特定の場所が地域社会や国家として生成・発展してきていた。社会とは特定の物的環境を人間の生活に適するように改良した場所であると同時に，そこに暮らす個人，集団や組織を社会制度でもって維持・発展させる人為的な空間でもある。つまり，社会には観念的・実体的な場所がある。観光も社会を構成する1つの要素である。それゆえ，観光の社会的・文化的効果の考察にも，観念的で実体的な場所を定めることが適切となる。

観光資源の質と量にも左右されるが，観光の社会的・文化的効果を検討する場所として，観光資源と観光施設のある場所，つまり観光地を対象に据えていく。ただし，観光地が必ずしも1つの行政単位，例えば市町村や都道府県の枠内に収まるとは限らない。東京ディズニーリゾートのように1つの市に包含される観光地もあるが，富士山のように山梨県と静岡県にまたがるものもあるからである。なお，観光政策の観点から経済的効果の推計・測定を実施する場合には，地方自治体が調査対象としての単位になっている点に注意を要する。

観光地で観光事業が優れた観光の社会的・文化的効果を創出するためには，観光者が資源価値の高い観光資源を鑑賞，体験や経験できることに加えて，そうした観光資源とともに生活している住民と相互交流できる場所を認識する必要がある[12]。交通業であれば駅，空港や海港といった交通施設，サービスエリアといった休憩施設のある観光地が，宿泊業であればホテルや旅館といった宿泊施設のある観光地が，旅行業であれば教育旅行や研修旅行などの旅行商品に組み込まれた観光地などが，それぞれ観光者と住民との交流場所として相応しいであろう。その他，地元の地域資源のある場所を活用することも考えられる。

---

[12] 観光者が地域社会や住民に及ぼす影響を考えるに際して，社会学の知見が有効活用できる。例えば，安村克己『社会学で読み解く観光－新時代をつくる社会現象－』学文社，2001年を参照されたい。

いずれにしても観光の社会的・文化的効果が最も発揮できる場所を状況や環境に合わせて選択すべきである。

　次に，観光の社会的・文化的効果の内容を観光者が受容するための論点をみていこう。第1に観光の社会的・文化的効果が観光者に伝播されるためには，観光地にある観光資源や観光施設，その場所で生活している住民に内在化されている固有価値を享受できる能力，すなわち身体化された文化資本を観光者があらかじめ備えていなければならない。観光者が観光資源や観光施設，住民との間に，知る楽しみや食べる楽しみなどを介した関係を創り出すことが交流だからである。そのため，観光事業によって観光地の開発がなされ，そこを訪れる観光者が増えたとしても，観光資源や観光施設，住民の伝統的習慣や食事などに観光者が価値をみいだせなければ，それは意図していた交流とはならない。

　そこで，観光者にそうした教養が不足しているならば，観光産業や観光関連産業，国や地方自治体，大学やNPOなどが教育の機会を提供すればよい。観光者の享受能力，すなわち身体化された文化資本の蓄積度が高まるほどに観光資源の有効価値がますます大きくなり，観光の楽しみが増していくからである。観光者は今までと違った視点からの観光を楽しめるからである。同時に地元の観光事業従事者や住民にも，自分たちが暮らす場所の価値を発掘，学習，継承，発信していくことが求められる。その際，地元の観光事業者にはカルチュラル・ブローカー（cultural broker）[13]としての責務を再認識してもらう必要がある。

　第2に観光者を魅了する観光地には，景観プラスaすなわち視覚，聴覚，味覚，嗅覚，触覚という五感覚器官に訴求する条件が必要となる[14]。だが，こうした具体的な観光地のイメージは，観光者が実際に現地を訪れることで形成さ

---

[13] 観光者と地元の住民との間に位置して，両者の文化を仲介する通訳やガイドなどの観光事業従事者のこと。カルチュラル・ブローカーのあり方を考えるに際しては，文化人類学の知見が有用である。例えば，橋本和也『観光人類学の戦略－文化の売り方・売られ方－』世界思想社，1999年を参照されたい。

[14] 溝尾良隆『観光学と景観』古今書院，2011年，23-25頁。

れる。それゆえ，リピーター以外の観光者を現地に訪れさせるためには，事前のイメージ形成，特に景観への配慮が必要である。現地の情報として一番わかりやすいからである。視覚情報が観光者の行き先を決定する要因として大きいからである。例えば，テレビやDVDなどの動画が観光者の観光欲求・動機となるかもしれない。あるいは旅行雑誌に掲載された観光地の写真がその場所に観光者を引き寄せるかもしれない。

　観光地のイメージ形成において，観光者と観光地の間には，景観を基軸に2つのコミュニケーションが必要となる。1つは同時代の観光者と観光地側の観光事業従事者や住民との間のコミュニケーション，もう1つは未来の観光者と観光地側の観光事業従事者や住民との間のコミュニケーションである。すなわち，観光地側の観光事業従事者や住民にとって，五感，特に視覚に訴えかける観光情報を現在と未来の観光者へ発信することが肝要となる。

　観光地の動画や写真の他に，その場所の伝統料理や名産品，さらに固有の観光資源などについての最新で正確な観光情報も併せて着地側から発信するとさらに良い。現在と未来の観光者にとって，その場所を訪れる楽しみや料理を食べる楽しみなどの期待が倍増するからである。日本人の海外旅行や訪日外国人旅行の場合，日本語や他国の言語を観光事業従事者が理解できることも観光者の観光欲求・動機を刺激するであろう。

　以上の論点を踏まえて，観光の社会的・文化的効果の内容をみていこう。ここでは，文化を受容する観光者と，発信する地元の観光事業従事者や住民とに分けて検討したい。具体的な項目としては，教育効果，レクリエーション効果，国際親善効果が挙げられる[15]。これらは文化を受容する側の視点だが，それを発信する側に対応させると，順に地域文化の再認識・活性化，ホスピタリティ育成効果，意識改革効果となる。以下で相互の関連を踏まえながら，それぞれの特徴をまとめてみよう。

　第1に教育効果とは，当該地域社会の文化を観光者の一身上に生産ないし再

---

15) 前田勇「観光の諸効果と現代的意義」鈴木編，前掲『新版　現代観光論』289-292頁。小谷，前掲『観光事業論』37-38頁。

生産することである。観光の目的の1つとして，当該観光地を知る楽しみが挙げられる。例えば，日本の小・中学校や高等学校の学校行事に組み込まれている修学旅行は，教科書で学習した奈良時代の文化や宗教，あるいはキリスト教の文化を実際に寺院や教会などを見学して再確認ないし再受容する学習効果を果たすといえる。体内細胞にあるDNAと異なり，文化はそもそも体内に組み込まれていないゆえに，何もしないと文化は継承・発展できない。そこで外在化された文化を意図的に内在化する作業が不可欠となる。教育とはまさにこの作業であるが，現実の寺院や教会，すなわち客体化された文化資本を見学することは視覚に作用するため優れた教育効果をもたらす。

　発信する側からみれば，地域社会に身体化・客体化・制度化された文化資本を探し出すこと，つまり地域社会に内在化されている固有価値を外在化する作業が必要となる。ただし，教科書やガイドブックに記載されるほど有名な文化がない場合，地元の観光事業従事者や住民が場所の固有価値を自らの力で，もしくは専門家の力を借りながら外在化しなければならない。その過程から自らの地域社会における文化を再認識できる。来訪者との交流にまでつながれば，地域活性化という恩恵も受けられる。一方，ブランド化された観光資源の場合，その場所の文化はすでに一定の客観的価値を獲得している。ゆえに，むしろ来訪者との交流に力点をおくことから地域の活性化が深化していく。

　第2にレクリエーション効果とは，観光による人間の健康回復を通じて社会生活へ好影響をもたらすこと，および再生産力の創出へ寄与することである[16]。精神的・肉体的にさまざまなストレスが多い現代社会で疲弊した観光者の心と体を，正常な状態に戻す働きが観光にはある。構造化された社会制度，すなわち外的強制を受けざるを得ない環境の下で仕事に従事している現代人は多い。これに対して，内的欲求を楽しみながら充足できる観光は，外的強制とはベクトルが反対に向いている。それゆえ，自身の精神的・肉体的状態や休暇期間・予算に合わせて自由に観光地を選択できるならば，日常生活圏内でのレクリ

---

16)　レクリエーションには，社会的学習という意味もある。ゆえにマナーや集団行動の規律を学ぶ点で，修学旅行にもレクリエーション効果が認められる。

エーション以上の効果が観光に期待できる。

　発信する側からみれば，特に地元の観光事業従事者や住民のサービスやホスピタリティが重要である。確かに観光施設が精神的・肉体的回復へ与える効果は大きいといえるが，観光者が出会う地元の観光事業従事者や住民との情緒あふれる交流も看過できない。社会性や人間性が回復するからである。なお，受入れ側が観光者の身体化された文化資本を的確に認識できるように心がけるならば，ホスピタリティ育成効果となってその力が自らに蓄積されていく。

　第3に国際親善効果とは，観光者と地元の観光事業従事者や住民との国際交流を通じてもたらされる諸効果のことである。かつて，外国旅行は政治家などのような一部の限られた人々しか経験することができなかった。それが大衆化してきたのは，第2次世界大戦後に，交通費の低廉化，自由時間の増大，可処分所得の増加といった旅行の基礎的条件が整った先進諸国においてであった。わが国では，1970年代以降から徐々に海外旅行が普及し始め，円高ドル安を背景として1980年代半ばから急激な伸びを示した。その後，為替レートの変動に左右されることもあったが，全体として増加傾向にある。ゆえに，人種，言語，宗教，生活習慣などが異なる人々と実際に交流する機会も多くなっている。

　発信する側からみれば，訪日外国人旅行者の増加に伴い，日本各地の観光事業従事者や住民の1人ひとりに自国を代表する民間外交官としての身体化された文化資本が求められるようになった。訪日外国人にとって，受入れ側の日常の振る舞いや光景などが日本を代表する文化や価値観のように認識できるからである。また，それには地方に暮らす人々のへき地意識の解消効果もある。

　ただし，ホテルやレストラン，土産品店などの支払い程度のやり取りでは，国際親善とはいえない。異文化を経験するため，あるいは自文化を語るためにも，まずは少なくとも他国（欧米やアジア諸国）のマナーや言語を観光事業従事者や住民が事前に習得すること，また自国の文化を事前に再確認しておくことが必要である[17]。すなわち，自国の文化資本を事前に質・量ともに自らに身体

---

17) 国際交流が自国文化をみなおす契機となり，自国の文化を維持・発展させる効果も生じる。

化・内在化することである。そうした意識改革が異文化を背景にもつ人々との相互理解を深め，世界平和へと寄与していく[18]。

第3節　観光の経済的効果

　観光事業には，観光の社会的・文化的効果以外に国や地域に経済的効果－国民経済効果や地域経済効果－を合目的的に創出しようとする意図もある。そこで観光政策として国や地方自治体が観光事業を構成する観光産業や観光関連産業，すなわち広義の観光産業の活動を支援している。そうした目的も踏まえながら，広義の観光産業は観光労働と観光施設を介して観光者へ働きかけながら，有益な旅行サービスを商品として生産・提供するのである[19]。ただし，経済的効果を算出する基礎的な統計・調査データの処理法が各データによって異なっていることがある。それゆえ，データの取り扱いには十分な配慮を要する[20]。

　観光事業は国や地域に経済的効果をもたらしている。だが，日本人の海外旅行や国内旅行，さらに訪日外国人旅行に分けてみると，わが国への観光収入の寄与度がそれぞれ異なっている。まずは日本人の海外旅行の場合，往復に外資系交通業（航空や船舶）を利用すればその交通費，現地で支払った鉄道，バスやタクシーの交通費，現地で外資系宿泊施設を利用した際の宿泊費，さらに現地での飲食費や土産品購買費などの観光消費（tourist expenditure）が日本国内の観光収入にはならない。ただし，日本の旅行業などを通じてそうした旅行の手配をすれば，支払額の一部が取扱手数料として国内には残される。

---

[18]　観光の社会的・文化的効果とは，観光が社会や文化にもたらす，予測される事柄である。ここでは正の効果だけを記したが，当然に負の効果もある。さらに，予測以外の正と負の影響も生じる。正の効果や影響は負の効果や影響と相関している。ゆえに，観光事業の全体を把握することが不可欠となる。

[19]　これ以外に，観光開発が新規に実施される場合，工事関係者の雇用，宿泊や飲食などといった新たな消費が観光施設の建設される地域に短期的だが創出され，地元経済への収入増に寄与する。これは投資効果と呼ばれる。

[20]　細野光一「観光と経済」前田勇編『改訂新版　現代観光総論』学文社，2010年，56－57頁。

次に日本人の国内旅行をみれば，大別して3つ挙げられる。すなわち，第1に観光者が発地側で往復の交通サービス商品や宿泊サービス商品などを日本の旅行業などから購入し，着地側の観光地ではそれ以外の現地交通費や飲食費，土産品購買費などを支払う事例が挙げられる。第2に観光者が発地側で宿泊サービス商品を日本の旅行業や宿泊業から購入後，自家用自動車を自宅から目的地まで運転し，飲食費や土産品購買費を現地で支払う事例が挙げられる。第3に観光者が着地側で催行する体験型旅行商品の参加費，現地での交通費，宿泊費，飲食費や土産品購買費を着地側の観光地で支払い，他の往復交通費を発地側にある日本の交通業や旅行業に支払う事例が挙げられる。これは観光者の価値観の変化（固有の経験志向）に合わせて誕生したニュー・ツーリズム（着地型観光）と呼ばれる観光形態でみられる。それは地域経済の活性化やまちづくりにその旅行商品からの観光収入を活用しようとする試みである。

最後に，訪日外国人旅行をみれば，往復に日系交通業（航空や船舶）を利用すればその交通費，日本国内で支払った航空，鉄道，バスやタクシーの交通費，日本国内で日系宿泊施設に滞在すればその宿泊費，さらに飲食費や土産品購買費などがそれぞれ観光収入としてわが国に入る。それゆえ，訪日外国人旅行者が滞在中に観光支出を増やすならば，国際観光収支（balance of international tourism）の黒字化へ寄与する。

わが国における観光の経済的効果を考えれば，まずは訪日外国人旅行者数の増大が最も効果があるといえる。なぜなら，日本人の海外旅行は輸入品と同じで国外へ日本円が流出してしまうからである[21]。逆に，訪日外国人旅行者は日本国内への新たな観光需要であるゆえに，経済的効果が期待できる[22]。国内の観光産業と観光関連産業が新たな観光収入，すなわち外貨を獲得でき，さまざまな生産・投資誘発効果が生み出されていくからである。それゆえ，訪日外国人旅行者による観光消費は国民経済効果として重要である。次に，日本人によ

---

21) 2013年時点で日本人の海外旅行者数は訪日外国人旅行者数を上回っていたが，2014年にその数が逆転し，国際観光収支は黒字となった。
22) 需要とは，貨幣的な支払い能力に裏づけられた有効需要を指している。

る国内旅行の観光需要を新たに増やすことである。従来と同じ規模の観光需要で単に観光消費の場所が変わるだけでは日本全体としての観光消費額に変化がなく，観光収入や国民所得の増加に寄与しないからである。

　観光の経済的効果は，所得創出効果，雇用創出効果，税収（租税）効果に分類できる[23]。第1に所得創出効果をみていこう。観光者が観光地で交通費，宿泊費，飲食費，娯楽費，土産品購買費，拝観入場料などに支出すると，それらの支出先が地元の観光産業や観光関連産業によって経営されている割合が高いほど，その地域の収入や所得となっていく。例えば，地元資本のホテルであれば，観光者の宿泊費の一部が給与としてホテル従業員に支給される。その従業員が給与の一部を地元の衣料品店で支払いに充てれば，その一部が衣料品店で働く地元の従業員に支給される。このように地域内の産業連関が密であるほど，観光消費が最初の消費額以上に増加するという経済波及効果をもたらす。それゆえ，観光地は所得創出効果を享受できる。

　第2に雇用創出効果である。それは観光事業従事者を数多く必要とする事業特性を反映したものである。観光地に来訪者が増えれば，接遇，遊休観光施設の再稼働や観光施設の規模拡大によって観光事業従事者の雇用機会が増加する[24]。だが，特に宿泊業における接遇担当者の労働の質を考えれば，雇用人数の増大として認識するだけでは不十分である。そこではホスピタリティという高度な能力を要求される場合もあり，単純労働では対応できないこともあるからである[25]。そのため複雑労働に対応できる高度な文化資本を身体化した人材が求められる。起こりうる観光事業の雇用創出効果を享受し，観光収入を増大

---

23) 岡本伸之「観光と観光学」岡本伸之編『観光学入門－ポスト・マス・ツーリズムの観光学－』有斐閣，2001年，12－13頁。小沢健一「観光の影響・効果Ⅰ」塩田正志・長谷政弘編『観光学』同文舘出版，1994年，197－198頁。
24) ただし，観光施設，例えばホテルの規模拡大には，多額の投資を要する場合が多い。さらに，経営環境の変化で事業から撤退せざるを得なくなった場合，観光施設の構造や立地によっては，他の用途に転用することが困難となる。このため観光施設を増築や新築する際には，経営環境の客観的な把握を含む，慎重な意思決定が求められる。

するためには，政府の観光政策や広義の観光産業との整合性を勘案しながら，そうした能力をもつ人材を計画的に組織的に養成することが必要である。

第3に税収（租税）効果である。観光者の増加による観光消費額の増大は，観光事業における観光収入の増加をもたらす。これは観光事業の雇用者数を，観光事業従事者の収入や所得を，最終的には観光事業者や観光事業従事者が国や地方自治体へ納付する租税額を増大させる。例えば事業税（地方税）が増収すれば，当該自治体の財政がその分だけ潤沢になる。これが観光事業を通じた地域振興，例えば観光まちづくりに地方自治体が取り組む理由の1つにある[26]。

以上のように観光の経済的効果は，国民経済効果と地域経済効果，さらに所得創出効果，雇用創出効果，および税収（租税）効果として認識できる[27]。これらの効果の源泉は観光者の観光支出であった。そこで，観光支出の波及効果を推計・測定するときに使用される量的指標を確認しておこう。それは観光乗数（tourism multiplier）と呼ばれるものである。観光乗数は，販売ないし取引乗数（sale or transaction multiplier），産出乗数（output multiplier），所得乗数（income multiplier），および雇用乗数（employment multiplier）という4つの概念に分類されている[28]。以下，各項目を概観していく。

---

25) 単純労働とは，熟練を必要としない労働力のことである。観光事業には単純労働を充当できる作業が含まれているゆえに，他産業では吸収しにくい労働力をすぐに活用できる場面がある。
26) 観光まちづくりは，当該地域における観光の社会的・文化的・経済的効果を目的としている点で観光事業と整合性をもっている。ただし，当該地域の文化資本を活用した観光まちづくりが観光の社会的・文化的効果を生み出し，これが観光の経済的効果を牽引していくことを看過してはならない。
27) 大きな経済波及効果を期待するためには，第1に当該地域や国における観光事業従事者や観光施設などが観光支出の増加に応じてすぐに活用でき，生産の増加に寄与できること，第2に地域や国の移入性向や輸入性向が小さいこと（当該地域から他地域への観光収入漏出割合が低いこと），第3に地域や国の中で産業連関が密になっていることなどの条件が必要となる（小沢健一「観光と経済」岡本編，前掲『観光学入門』230-231頁）。
28) Archer, B. H., "The Value of Multipliers and their Policy Implications", Tourism Management, Vol. 3. No. 4, 1982, pp. 237-238.

第1に販売ないし取引乗数の概念とは，観光者の追加的な1単位の支出が当該経済内の経済活動に及ぼす影響を測定するものである。その名前が示すように，販売ないし取引乗数は観光支出をそれが生み出す企業の売上高に関連づけて因果関係を分析していく。第2に産出乗数の概念とは，観光支出の1単位を，その結果として生じる当該経済における産出水準の増加に関連づけていく考え方である。取引乗数が観光支出による直接効果と2次効果から生じる売上水準しか認識していない一方で，産出乗数は売上水準に加えて当該経済内の在庫水準も踏まえた実際の売上変化をも考慮に入れている点に特徴がある。

　第3に所得乗数の概念とは，観光支出の追加的な1単位とその結果として当該経済内に生じる所得水準の変化との因果関係を示したものである。だが，推計や測定対象の所得を可処分所得とするのか，あるいは当該地域に居住している外国籍の住民が受け取る所得を当該国の収入にならないという理由により所得総額から差し引くのかによって，若干の混乱が生じている[29]。第4に雇用乗数の概念とは，追加的な観光支出によって生み出される直接的雇用数と2次的雇用数の合計すなわち雇用総数を直接的雇用数だけで除した比率，あるいは雇用総数を所与の観光支出総額で除した比率のいずれかで表すものである。

　観光乗数の理論とその漏出（leakage）に関する内容は1931年にカーン（R. F. Kahn）が発表した乗数の考え方に依拠している。カーンは初めて当該経済内での経済活動が生み出す直接効果と2次効果による所得や雇用の増大を示す詳細なモデルを考え出した[30]。その後，カーンの乗数モデルと現在の先端的モデルとをつなぐ役割を果たしたのはケインズ（J. M. Keynes）であった[31]。

　ケインズの基本モデルは，ある一定の投資をすると，その1／（1－限界消費性向）倍の国民所得を生み出すというものであった。それは乗数理論と呼ば

---

29)　なお，乗数の計算で外国籍の人々の所得の一部が当該経済内で再支出されることによる2次効果の推計・測定を忘れてはならない。

30)　Kahn, R. F., "The Relation of Home Investment to Unemployment", *Economic Journal*, Vol. 41, No. 162, June 1931, pp. 173-198.

31)　Keynes, J. M., "The Multiplier", *The New Statesman and Nation*, April 1933, pp. 405-407.

れ，所得－消費面の分析に有効性を発揮する。限界消費性向とは，追加的に獲得した所得の中で消費に回される割合のことである。すなわち，観光収入の増加分（国民所得の増加分）を$\varDelta I$，各産業の限界消費性向をMPC（Marginal Propensity to Consume），国民所得の最終的な増加分を$\varDelta Y$とすると，$\varDelta I + \varDelta I \times MPC + \varDelta I \times (MPC)^2 + \varDelta I \times (MPC)^3 + \varDelta I \times (MPC)^n$となる（$n \to \infty$）。それは一般項$\varDelta Y$，初項$\varDelta I$，公比MPC（$0 < MPC < 1$）の無限等比数列で，次のように書き直せる。

$\varDelta Y = (1 + MPC + MPC^2 + \cdots + MPC^n) \times \varDelta I$ ……①

ここで，数列全体をMPC倍すると，

$MPC \varDelta Y = (MPC + MPC^2 + MPC^3 + \cdots MPC^{n+1}) \times \varDelta I$ ……②

①式から②式を引くと，

$(1 - MPC) \varDelta Y = \varDelta I - \varDelta I \times MPC^{n+1}$

となる（右辺は，$\varDelta I (1 - MPC^{n+1})$ とまとめられる）。今，$0 < MPC < 1$と仮定しているので，両辺を$(1 - MPC)$で割ることができて，

$\varDelta Y = [(1 - MPC^{n+1}) / (1 - MPC)] \times \varDelta I$

となり，無限等比数列では，$|MPC| < 1$の場合に，MPC^{n+1}は0になるので，

$\varDelta Y = [1 / (1 - MPC)] \times \varDelta I$ ……③

となる。この$\varDelta I$の係数である，1／（1－限界消費性向）が投資の乗数である。限界消費性向が大きくなればなるほど，乗数の値は大きくなる。なお，$\varDelta I$のうち，貯蓄に回される割合を限界貯蓄性向（MPS：Marginal Propensity to Save）と呼び，限界消費性向と限界貯蓄性向の和が1なので，乗数の値は限界貯蓄性向が小さくなるほど，大きくなるといえる。

限界消費性向と限界貯蓄性向以外に乗数の値に影響する要因として，漏出が挙げられる。漏出の割合が大きいほど，観光収入の値が小さくなり，結果として乗数の値が小さくなるからである。逆に，他地域の観光収入が当該地域へ流入すれば，当該地域の経済波及効果が増大する。つまり，限界輸入性向（MPI：Marginal Propensity to Import）を考慮すると，③式の乗数は，$1 / (1 - MPC + MPI)$と変形される。

ただし，推計・測定の基礎になる観光収入に関する統計的な把握が困難なこと，政府の規制や介入また不完全な競争市場のために乗数理論を適用できる条件が不十分なこと，国内企業の海外進出による地域や国の産業空洞化の比率が高くなり域内の産業連関が疎になっていることから，乗数理論だけでは満足のいく経済波及効果の推計・測定は行なえない[32]。さらに，観光乗数は資源配分の効率性について制約がある[33]。

　そうした問題点もあるが，乗数理論は所得－消費面の経済波及効果分析に有用であるといえる。ただし，生産面における経済波及効果の分析が明示的に扱われていない。そこで，乗数理論に加えて，産業連関分析（input－output analysis）に依拠した推計からも経済波及効果が試算されている。

　産業連関分析は，地域や国の各産業間，また産業と家計や政府といった最終消費者との間で，一定期間（通常は1年間）に取引された財やサービスの流れを示すものである。産業連関分析は，レオンチェフ（W. Leontief）によって考え出されたもので，マルクス（K. Marx）の再生産論の系譜を継承すると同時に，ワルラス（L. Walras）の一般均衡論にも依拠している[34]。産業連関表により地域内の観光産業，観光関連産業の構造や相互の結びつきが明瞭になることから，地域の産業政策を検討する際に，産業連関分析による経済波及効果の推計・測定結果は有用な判断材料を提供してくれる[35]。実用面として，乗数の計算に必要なデータ収集の労力が産業連関分析では省けるという利点もある。なお，観光産業が，交通業，宿泊業，旅行業などといった複合産業から構成されているために，産業連関表には観光産業という単独の項目はない。

---

32)　河村誠治『新版　観光経済学の原理と応用』九州大学出版会，2008年，193－194頁。

33)　Wanhill, S. R. C., "Tourism Multipliers under Capacity Constraints", *Service Industries Journal*, Vol. 8, No. 2, 1988, pp. 136－142.

34)　Leontief, W., *Input－Output Economics*, New York：Oxford University Press, 1966, pp 134－155.

35)　産業連関表を活用した経済波及効果の理論とケーススタディについては，例えば，小長谷一之・前川知史編『経済効果入門－地域活性化・企画立案・政策評価のツール－』日本評論社，2012年を参照されたい。

産業連関分析では，観光消費による直接効果とそれに伴い波及していく間接効果という第1次生産波及効果の額，すなわち第1次生産誘発額は各種データの読み替えによる推計によって算出されている。第1次生産波及効果によってもたらされる所得が新たな需要を誘発するとして，第2次的生産波及効果を推計する。第2次生産波及効果は家計消費経由と設備投資経由に分かれて生じるゆえに，その額である第2次生産誘発額は両者の合計額で算出される。この後も理論上は生産の誘発が続くとされるが，実際には生産誘発の強さが急激に弱くなるため，通常，第3次以降の生産波及効果の推計は実施されていない[36]。

生産面におけるレオンチェフ的経済波及過程の分析に有効な産業連関分析だが，最終需要の一項目である消費を外生変数として扱うために所得－消費面のケインズ的経済波及過程が抜け落ちる。そこで所得乗数と各産業部門への経済波及過程を把握するためにレオンチェフの産業連関モデルとケインズの乗数モデルを合成する必要がある[37]。

◇ケインズの乗数モデル：$\Delta Y = [1/(1-MPC)] \times \Delta I$

◇レオンチェフの産業連関モデル：$X = [1/(1-A)] \times F$ （ただし，X＝生産総額，A＝投入係数＝中間生産物／生産総額，F＝最終需要とする）

両者を合成すると，$X = [1/(1-A)] \times F = [1/(1-A)] \times [1/(1-MPC)] \times \Delta I$ となる。

だが，合成されたモデルは封鎖経済を前提としているため，地域間の取引を反映していない。そこで，地域における乗数波及の漏出を把握することが必要となる。この点をケインズの乗数モデルを用いながら説明していこう。

先に $\Delta Y = (1 + MPC + MPC^2 + \cdots + MPC^n) \times \Delta I$ ……①

から $\Delta Y = [1/(1-MPC)] \times \Delta I$ ……③

という所得－消費の経済波及過程の構造を確認した。①式は，波及過程のうち，投資がそれと等しい第1次所得を生む過程，第1次消費増加がそれと等しい第2次所得増加を生む過程などの生産面における波及効果を反映したものである。

---

36) 河村，前掲『新版 観光経済学の原理と応用』206-211頁。
37) 小谷，前掲『観光事業論』40頁。

各段階で需要がそれと等しい所得増加をもたらすのは，経済波及過程が封鎖経済を前提にしているからである。だが，現実には地域外から購買した設備などの支払いで漏出がある。ゆえに各段階でその需要と等しい所得を生まない。

まず，封鎖経済を想定してみよう。そこでは1単位の投資が行なわれた時，原料資材が購買され，雇用も増大する。雇用増加の分はそれだけ所得増加となる。原料設備の分は他の企業の収入となる。いま，A企業で原料設備2，付加価値1の割合で支出が行なわれると仮定すれば，付加価値率（a）は3分の1となる[38]。すると，投資額の3分の1がA企業の所得増加となり，原料設備に向けられた3分の2がB企業の収入となる。B企業も同一の割合でその収入をC企業に支出していくと，2/3×1/3の所得が増加となり，2/3×2/3のC企業への発注が生じる。C企業も同一の割合でその収入を支出していくと，2/3×2/3×1/3の所得が増加する。

$$\therefore a + (1-a) \times a + (1-a) \times (1-a) \times a + \cdots$$
$$= a + (1-a)a + (1-a)^2 a + \cdots = a/[1-(1-a)] = 1$$

となる。これが封鎖経済の生産波及における所得創出の構造である。

次に，開放経済を考えてみたい。地域乗数の場合，波及過程では少なくとも2つの漏出がある。1つ目として，a倍の付加価値のうち，地域外に吸い取られた残りの部分で，地域内所得率（β）である。2つ目として，他の企業に向かう資材の発注の一部は，地域内に対応できる産業がなく，地域外の企業に回されるかもしれない。つまり，地域内で自給できる分だけが地域内の企業で受注されている。これは地域内資材自給率（γ）と呼ばれる。すると，1単位の投資による地域内の第1次所得増加は，$a\beta + (1-a)\gamma a\beta + [(1-a)\gamma]^2 a\beta + \cdots = a\beta/[1-(1-a)\gamma]$ となる。

このように漏出がある場合，1単位の投資からそれに等しい第1次所得増加が生まれない。ここで$a\beta/[1-(1-a)\gamma]$をxと置きかえると，乗数波及

---

[38] 宮沢健一「開発投資の地域乗数分析－北海道開発問題と地域乗数の提案－」篠原三代平・宮沢健一・水野正一『国民所得乗数論の拡充』有斐閣，1959年，218-221頁。

の全過程は，ケインズ・モデルの乗数，1，MPC，MPC^2，MPC^3，……に代わって，地域乗数では，x，x^2p，x^3p^2，x^4p^3，……となる。ただし，pは地域内生産品に対する限界消費性向である。

したがって，地域乗数は，$x/(1-px) = \{\alpha\beta/[1-(1-\alpha)\gamma]\} \times \{[1-(1-\alpha)\gamma]/[1-(1-\alpha)\gamma-\alpha\beta p]\} = \alpha\beta/[1-p\alpha\beta-(1-\alpha)\gamma]$ となる。cを限界消費性向，mを地域外消費財移入性向とすれば，p＝c－mとなるので，地域乗数は，$\alpha\beta/[1-(c-m)\alpha\beta-(1-\alpha)\gamma]$ と表される。これが宮沢健一によって定式化された地域乗数モデルである。地域乗数の考え方は観光に関する動向や施策などの評価において行政などで使用されている。

第4章　観光事業と観光資源

第1節　観光資源の概念と種類

　一般に資源とは，原油や湧水のような地下資源，魚や海藻のような水産資源といった自然の恵み（天然資源）を指し，生産・消費過程で原材料やエネルギーとして直接に消費される。それゆえ，資源の枯渇を考慮しなければならない。同様に，観光資源（tourist resources）も観光行動によって消費される。その枯渇度は天然資源よりも低いが，観光資源でも保全を思慮する必要がある。

　天然資源から産業が勃興・発展し，経済的効果が生み出されるのと同じく，観光資源からもそれがある場所に観光産業が興り，経済的効果が生み出される可能性がある。そのためには観光者が観光地に集うような社会的・文化的効果をまずは創出しなければならない。すなわち，観光資源を中心に社会的・文化的効果を創りだし，そこから経済的効果を得るために，観光は産業論や政策論を包含する観光事業論として認識する必要がある[1]。

　換言すれば，観光資源には，第1に観光対象として多くの人々に観光上の高い満足を与えること，すなわち大きな感動と量感を観光者に付与できること，第2に観光資源を活かすために要するインフラストラクチャーの整備やさまざまな観光施設の設置に要する投資金額以上の資金を回収できること，すなわち利用に際して採算性が確保できることに特徴がみいだせる。ただし，国や地方自治体が公共投資として観光開発を実施する場合，観光資源の利用に伴う直接的な採算性に加えて，広義の観光産業の誘導・発展による，社会的・文化的・経済的な地域活性化効果も期待されていることを看過してはならない[2]。

---

1) 末武直義『観光事業論』法律文化社，1984年，36頁。
2) 小谷達男『観光事業論』学文社，1994年，49-50頁。

さて，人々を観光に駆り立てる動機づけとして働くものは観光対象であり，観光資源（自然観光資源，人文観光資源Ⅰ・Ⅱ，複合観光資源，無形社会資源）が狭義の観光対象に該当する（図表4-1）。狭義の観光資源，すなわち今後とも資源価値を維持できるものとして，自然観光資源，人文観光資源Ⅰ，複合観光資源が挙げられる。それらはすでに観光者側の評価が定まっているからである。ゆえに，そうした観光資源の価値を長期間にわたって維持していく政策が不可欠となる。狭義の観光資源に，将来の価値が保証されるとは限らない資源，すなわち人文観光資源Ⅱ（観光施設Ⅰ）と無形社会資源を合わせたものが広義の

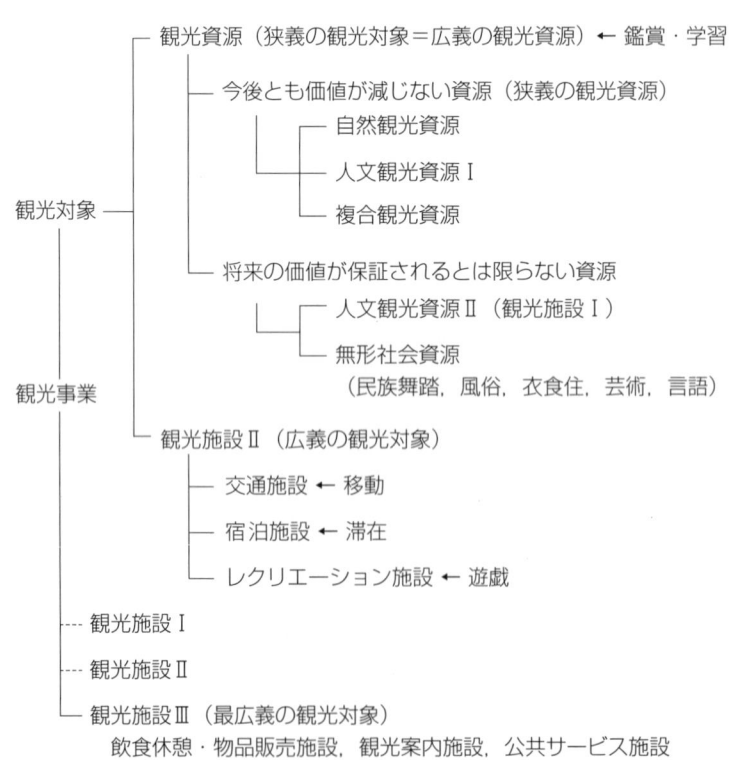

図表4-1　観光資源，観光対象，観光施設，観光事業の関係

```
                ┌─ 観光資源（狭義の観光対象＝広義の観光資源）← 鑑賞・学習
                │    ├─ 今後とも価値が減じない資源（狭義の観光資源）
                │    │    ├─ 自然観光資源
                │    │    ├─ 人文観光資源Ⅰ
                │    │    └─ 複合観光資源
  観光対象 ─────┤    └─ 将来の価値が保証されるとは限らない資源
                │         ├─ 人文観光資源Ⅱ（観光施設Ⅰ）
                │         └─ 無形社会資源
                │              （民族舞踏，風俗，衣食住，芸術，言語）
                └─ 観光施設Ⅱ（広義の観光対象）
                     ├─ 交通施設 ← 移動
                     ├─ 宿泊施設 ← 滞在
                     └─ レクリエーション施設 ← 遊戯
  観光事業 ┈┈ 観光施設Ⅰ
          ┈┈ 観光施設Ⅱ
           └─ 観光施設Ⅲ（最広義の観光対象）
                飲食休憩・物品販売施設，観光案内施設，公共サービス施設
```

　（出所）　溝尾良隆「『観光・観光資源・観光地』の定義」『観光研究』第9巻
　　　　　第2号，1993年，36頁を一部修正。

観光資源となる。人文観光資源Ⅱ（観光施設Ⅰ）と無形社会資源の価値を将来的に損ねないためには，例えば建造物の文化的価値についての情報を継続的に発信すること，動物園や植物園でも戦略性をもつこと，文化活動を地域で創造することなどが求められる[3]。

観光施設（tourist facilites）は観光資源を観光対象として機能させるための施設である。だが，観光施設がその誘致力の強さから，広義の観光対象となる場合もある。例えば，交通施設，宿泊施設，レクリエーション施設といった観光施設Ⅱが挙げられる。この他，観光施設Ⅲの飲食休憩・物品販売施設なども観光対象となる。だが，店舗立地の移動，観光施設自体の新規開店や閉店が激しいものが多い。したがって，誘致力の不安定性から，最広義の観光対象とした。なお，観光施設Ⅰ・Ⅱ・Ⅲには観光対象としての誘致力に差があること，観光対象と観光経営の対象を兼ねていることに特徴がある[4]。

次に，人文観光資源を詳しくみてみよう。人文観光資源Ⅰは高い歴史的価値，つまり定まった評価をもっているゆえに，安定した誘致力のある観光資源といえる（図表4－2）。一方，人文観光資源Ⅱ（観光施設Ⅰ）は，その価値が流行に左右されやすいものである。例えば，テーマパークや現代都市建造物が事例に挙げられる。だが，将来にわたって価値が保証されると，人文観光資源Ⅱ（観光施設Ⅰ）は人文観光資源Ⅰに移行することもある。あるいは一過性の流行として，その人気が衰える可能性もある。このため，長期的な安定した誘致力に欠ける面をもっているものが，人文観光資源Ⅱ（観光施設Ⅰ）に分類される[5]。

ただし，人文観光資源Ⅰの碑・像でも新しいものがあるし，人文観光資源Ⅱの観光施設Ⅰでも東京ディズニーリゾートのように評価が定まったものもある。それゆえ，人文観光資源ⅠとⅡの境界は流動性が高い[6]。なお，人文観光資源

---

3) 溝尾良隆『観光学－基本と実践－』古今書院，2003年，18－19頁。
4) 末武，前掲『観光事業論』35頁。
5) 溝尾良隆「観光地と観光資源」岡本伸之編『観光学入門－ポスト・マス・ツーリズムの観光学－』有斐閣，2001年，120－122頁。
6) 溝尾良隆「観光資源と観光地の定義」溝尾良隆編『観光学の基礎』原書房，2009年，50頁。

Ⅱと並んで，その価値が移ろいやすいものが無形社会資源である。例えば，民族舞踏，風俗や言語などが挙げられる。本場のタンゴに惹かれて，現地でタンゴ・レッスンを受けるためにアルゼンチンに行く場合，民族舞踏が観光者にとっての誘致力となっている。だが，それは流行で終わる可能性が高い。

図表4-2　観光資源の種類

自然観光資源	人文観光資源Ⅰ	人文観光資源Ⅱ	複合観光資源
山岳 高原 原野 湿原 湖沼 峡谷 滝 河川 海・海岸 岬 島嶼 岩石・洞窟 動物・植物 自然現象	史跡 社寺 城跡・城郭 庭園・公園 碑・像 伝統的建造物※1 伝統工芸 年中行事 衣食住 故事・民間伝承	移築建造物※2 現代都市建造物 観光施設Ⅰ※3	田園景観 歴史景観 都市景観

※1　合掌造り家屋，ピラミッドなど。
※2　異なる場所で復元された歴史的家屋など。
※3　博物館，美術館，動物園，植物園，水族館，テーマパークなど。
（出所）　溝尾良隆「観光地と観光資源」岡本伸之編『観光学入門－ポスト・マス・ツーリズムの観光学－』有斐閣，2001年，121頁を一部修正。

観光資源は，自然観光資源や人文観光資源Ⅰ・Ⅱのいずれか単独でも誘致力をもつが，自然観光資源と人文観光資源Ⅰ・Ⅱが混然一体となると，田園景観，歴史景観や都市景観のような場所に固有の景観を生み出す。このように自然観光資源と人文観光資源Ⅰ・Ⅱが結びついて，両方の範疇に該当する観光資源は，複合観光資源と呼ばれ，観光地の魅力を倍増させていく。複合観光資源は，観光のもっている複合性を典型的に示すもので，強い誘致力となって作用するために観光資源として貴重である。例えば，京都は社寺と自然が織りなす独特な景観の魅力によって，国内はもとより，外国からも大勢の観光者を引きつける

図表4-3　観光行動の目的と観光資源

鑑賞型観光資源	保養型観光資源	スポーツ型観光資源
田園景観 歴史景観 都市景観 文化財 伝統的建造物 伝統工芸 年中行事 自然現象	温泉 高原 海岸 （スパ※）	山岳・高原 海・湖沼・河川 公園・（各種競技場）

※　温泉の有無にかかわりなく，温浴・水浴療法を基本としながら，美と健康，くつろぎと癒しを提供する施設のこと。
（出所）　小谷達男『観光事業論』学文社，1994年，52頁を参考に筆者作成。

観光地の地位を確立している[7]。

　観光資源を観光行動の目的から類型化すると，「みる」対応の観光資源として鑑賞型観光資源，「やすむ」対応の観光資源として保養型観光資源，「する」対応の観光資源としてスポーツ型観光資源に分けられる（図表4-3）。なお，保養型観光資源とスポーツ型観光資源は併せて滞在型観光資源とも呼ばれる。さらに観光行動は，ワンダーラスト（wanderlust）型とサンラスト（sunlust）型に分けられる。前者は知的好奇心や見聞の深耕などのために移動する観光ゆえに鑑賞型観光資源と，後者はやすらぎ・くつろぎのような特定の目的をもって発地と異なるアメニティがあるところへ移動する観光ゆえに保養型観光資源とそれぞれ整合性をもちやすい[8]。

---

7)　岡本伸之・越塚宗孝「観光対象と観光資源」前田勇編『観光概論』学文社，1989年，46頁。ただし，人文観光資源Ⅰ・Ⅱの境界，また複合観光資源と人文観光資源Ⅰ・Ⅱとの境界がそれぞれ曖昧との理由から，人文観光資源Ⅰ・Ⅱの区別をなくして人文観光資源とすること，および複合観光資源を人文観光資源に含めることが全国レベルでの観光資源評価で提唱されている（溝尾良隆「観光資源と観光地の定義」溝尾編，前掲『観光学の基礎』50頁）。そこで，本章第2節では，観光資源を自然観光資源と人文観光資源に分けて検討していく。
8)　サンラスト型の観光行動は地理的に狭い面積の国家の場合，必ずしも国内観光とはならず，国際観光となることもある。

なお，イギリスではやすらぎとくつろぎの象徴が太陽になっている。一方，わが国ではそれは月光とされている。すなわち，保養型観光資源として太陽や海浜，月や温泉がそれぞれの国で好まれるといえる。リゾートが正にそのような要素を満たす場所になっている[9]。

第2節　自然観光資源と人文観光資源

　自然観光資源と人文観光資源を区別する観点として，労働の有無が挙げられる。自然観光資源には労働が関与していない。一方，人文観光資源には労働が関与している。それゆえ，人間が自然素材を対象に労働力と労働手段でもって働きかけ，当初に企図したように労働対象である自然素材の形態を変化させ，新たな価値を創造したものが人文観光資源である。もちろん，人間は自然の一部であるため，自然の摂理を変容することは許されない。人間を含む生態系に負の影響を与えるからである。つまり，自然との共生を前提に，その時代における社会や文化を自然素材に対象化したものが人文観光資源といえる。

図表4-4　鑑賞型観光資源

自然環境	具体例
地　形	山岳，丘陵，湖沼，河川，渓谷，瀑布，高原，平原，海岸，島，砂丘，砂漠など
地　質	地層，堆積物，風化生成物など
生　物	動物，魚，鳥，樹木，森林，花など

（出所）　末武直義『観光事業論』法律文化社，1984年，38頁を一部修正。

　さて，すでに観光行動の目的に合わせて観光資源を分類した（図表4-3）が，その観光資源を人間労働の有無の視点から，すなわち自然観光資源と人文観光資源の視点からあらためてみていきたい。その際，自然観光資源はその場所に固定して移動できないこと，人文観光資源はその立地を人為的に選択できる場

---

9) Gray, H. P., *International Travel : International Trade*, Lexington : D.C.Heath and Company, 1970, pp. 13-16.

合もあるが，最終的には特定の場所に固定されることに留意したい。したがって，観光事業を遂行するに際しては，場所と不分離の観光資源をどのように活用していくのかが事業成功に向けた鍵となっている。

まずは自然観光資源を利用上の機能に応じて分類すると，鑑賞型観光資源と滞在型観光資源に分けられる[10]。第1に鑑賞型観光資源の特徴は，日常生活で体験することのできない，自然の美しさ，雄大さ，形状の珍しさなど，人間の視覚に訴求する点にある（図表4－4）。しかし，鑑賞型観光資源は，自然条件，例えば季節や気候，天候の変化に左右されるため，観光者にとっては鑑賞の時期や時間が限定される傾向をもつ。それゆえ，観光産業や観光関連産業にとっては集客に結びつかず，収入の悪化をもたらす可能性がある。つまり，鑑賞型観光資源に依拠した観光地は，ピークとオフ・ピークの来訪者数に著しい差が生じやすく，年間を通じた安定的な経営に課題が残る。

図表4－5　滞在型観光資源

自然環境	具体例
気　候	日光，空気の成分，温度，風など
鉱　泉	温泉，冷泉など
地　形	山岳，高原，河川，海，海岸など

（出所）　図表4－4に同じ，39頁。

第2に滞在型観光資源の特徴は，健康，運動，疲労回復，気晴らしなど，人間の肉体的・精神的な機能維持・回復に作用することである（図表4－5）。滞在型観光資源は，その観光資源を観光対象として機能させるための施設すなわち観光施設と組み合わされることで，さらにその有効性を高めていくといえる。季節と場所にもよるが，気候は高い保養的価値をもっている。夏場の蒸し暑い東京から，快適な温度とそよ風を求めて軽井沢のような避暑地に人々が移動するのは，高地の気候がそうした欲求を充足するからである。

気候のような保養的価値に加えて，医療的価値をもたらすものは温泉である。

10）　この節，以下の叙述は末武，前掲『観光事業論』37－45頁に依拠している。

温泉は鉱泉の一種で，温泉ガスが気泡となって流出している点に特徴をもつ。わが国の温泉法では，源泉が25℃以上を温泉，25℃未満を冷泉，もしくは溶存物質の含有量が規定以上含まれているものを温泉と定めている。日本では入浴が温泉療法として普及しているが，主に欧州では飲泉療法や吸引療法などの多彩な温泉療法のほうが多くみられる。身体が本来もっている基礎体力や治癒力を高める健康増進志向の自然療法が温泉療法である[11]。

　地形はスポーツをする際に利用価値を発揮する。地形を利用したスポーツには，海岸における海水浴，山岳でのスキーや登山，丘陵でのグラス・スキーやパラグライダー，河川でのラフティングやカヌーなどの野外活動が挙げられる。だが，地形を利用したスポーツは屋外で実施するため，天候や季節によって野外活動が制約される側面をもっている。なお，滞在型観光資源としての地形は，スポーツ型観光資源だけでなく保養型観光資源としても，運動，健康増進や気晴らしなどに活用できる。

　次に人文観光資源を文化的観光資源，社会的観光資源，産業的観光資源に分けてみていこう。それらを文化資本の3つの形態に関連させると，順に身体化・客体化された文化資本，身体化・客体化・制度化された文化資本，および客体化された文化資本に該当する。

図表4-6　文化的観光資源

資源形態	具体例
文化遺産	有形文化財，無形文化財，民俗資料，記念物など
文化施設	博物館，美術館，科学館，動物園，水族館，テーマパークなど

（出所）　末武直義『観光論入門』法律文化社，1974，33-34頁。

　第1に文化的観光資源をみていこう（図表4-6）。これは，文化遺産と文化施設に分類される。文化遺産は，有形文化財，無形文化財，民族資料，記念物などから成る。有形文化財は，歴史的・芸術的建造物，絵画・彫刻，工芸品，書跡，典籍，古文書，有形の文化的所産で歴史上，芸術上価値の高いものであ

11）阿岸祐幸「温泉療法」阿岸祐幸『温泉の百科事典』丸善出版株式会社，2012年，137-139頁。

る。民俗資料は，食住，信仰，年中行事などに関する風俗習慣およびこれに用いられる衣服，器具，家具など国民生活の推移を理解するために不可欠なものである。記念物は，貝塚，古墳，城跡，旧宅その他の遺跡，庭園，橋梁，峡谷，山岳，名勝地，動物，植物などである。

以上の有形文化財，民族資料，記念物にはその時代の文化が対象化されている。ゆえに，観光者は展示品という客体化された文化資本を通じて間接的に当時の文化を推察しなければならない。また，無形文化財は，演劇，音楽，工芸技術，無形の文化的所産であり，歴史上，芸術上価値の高いものである。それゆえ，演者・業師に身体化された文化資本を，観光者は自らに身体化された文化資本から読み取らなければならない。

文化施設は，伝統的，歴史的な文化遺産を保存，展示や発表する施設として観光資源的価値をもつ。それゆえ，文化施設は観光施設に相当するものである。展示品に客体化された文化資本の価値を維持すること，および観光者にその価値を鑑賞させることが文化施設の機能である。さらに，文化施設はその施設自体が観光施設として観光者を誘致する機能をもっている。したがって，建物のデザイン，文化遺産の展示方法や鑑賞方法に観光資源的価値を付与することが大切になる。文化施設がひとたび観光資源として人々に認識されると，施設が立地する地域の観光的な魅力も高まっていくことから，地域振興を目的に観光事業として文化施設を設置する地方自治体もある。

図表4－7　社会的観光資源

資源形態	具体例
社会形態	集落形態，都市構造，諸制度，社会施設，国民性，民族性など
生活形態	ライフスタイル，伝統的スポーツ，衣服，食事，住居，人情，風俗，習慣など

（出所）　図表4－6に同じ，35頁。一部を修正。

第2に社会的観光資源をみていこう（図表4－7）。これは社会形態と生活形態に分類され，場所の文化資本が身体化・客体化・制度化されたものといえる。まず集落形態や都市構造はその場所で生活する人々の文化資本が客体化された

もので，場所の文化資本の相違を反映してさまざまな様式になっている。低層住宅や高層住宅といった集落形態，および放射線状や格子状の道路・水路ネットワークといった都市形態などから成る都市構造は，国や地域によって異なる景観を生み出している。諸制度は例えば教育制度のようにその国独自の文化資本が制度化されたものである。美術館や博物館のような文化施設，大学や研究所のような教育・研究施設，図書館や市民会館のような社会施設，国会議事堂のような国家施設は，その内装・外装や内部・外部構造，建築材料や建築技術に文化資本が客体化・外在化されている。国民性や民族性は，その国や民族の文化資本が身体化されたもので，言語や話し方，身ぶりとなって現れる。

　次に生活形態は，社会形態の基礎になっているもので，社会形態と相互連関性をもっている。すなわち，ライフスタイルや伝統的スポーツはその場所の文化資本が身体化・制度化されたもの，食事，衣服や住居はその場所の文化資本が客体化されたもの，人情，風俗や習慣はその場所の文化資本が身体化されたものである。社会形態と同じく，場所の文化資本は生活形態にも反映している。特にライフスタイルは，その場所の気候や地形という風土に影響を受けた民族性を基礎としていることから，食事，衣服や住居とも整合性をもっている。ただし，そうした生活形態は実際にその場所を来訪しないと体験できない。それゆえ，社会形態とともに観光行動の動機づけとして作用する点に特徴がある。

図表4-8　産業的観光資源

資源形態	具体例
農　業	農場，農園，牧場，農産物，農作物加工施設など
林　業	自然林，人工林，植樹，伐採，製材，採取，森林空間，炭焼きなど
漁　業	漁獲法，海産物加工施設，養殖法および養殖施設など
工　業	工場施設，機械設備，生産工程，工業技術，研究所など
商　業	見本市，展示会，商店街，ショッピング，市，特殊な流通機構など

（出所）　図表4-4に同じ，43-44頁を一部修正。

　第3に産業的観光資源をみていこう（図表4-8）。これは農業，林業，漁業，工業，および商業に分類される。産業関係の施設などを観光対象とする観光形

態は産業観光（industrial tourism）と呼ばれる。当初は工業が観光対象であったが，現在では農業，林業，漁業や商業にまで拡大している。農林業では，農場，農園，牧場，自然林や人工林の景観が観光対象になる。また，農場，農園，牧場を，観光農場，観光農園，観光牧場として来訪者に開放している場合，あるいは植林や植樹を開放している場合，そこでの仕事を観光者は体験できる。

漁業でも，ホタルイカ漁の見学，魚の餌づけや地引網体験がある。工業では，伝統工芸品や特殊技術を使った製品まで，その製造過程と完成品が観光対象として活用できる。さらに伝統工芸品，例えばロクロ回しや絵付けといった陶磁器の制作体験もできる。このように農業，林業，漁業，工業において「みる」観光行動と「する」観光行動が加わってきている。

商業では，市（fair）がその場所に固有の品物を販売することから集客力をもっている。近年では，農業，林業，漁業の第6次産業化，すなわち第1次産業の第2次産業化，さらには第3次産業化が進展し，産業間の垣根が融合しつつある。そこでは，生産，生産加工，および販売の過程を観光資源化して，観光者を誘引するための工夫が凝らされている。

第3節　世界遺産の価値と役割

例えば，姫路城，厳島神社，日光の社寺，屋久島，白神山地，小笠原諸島という名称を挙げれば，それらのイメージがすぐに思い浮かぶかもしれない。いずれもわが国の代表的な観光資源である。さらに，それらの観光資源は世界遺産にも登録されている点が興味深い。世界的にみても，代表的な観光資源の多くが世界遺産に登録されている。

世界遺産は観光資源とは別の基準で登録されているにも関わらず，なぜ観光資源になっているのであろうか。それは登録された遺産の特質を保証する機能と象徴性を付与する機能，すなわちブランド力を世界遺産がもっているからである。その力の源泉は世界遺産登録における一定の基準にある。それゆえ，世界遺産は客体化された文化資本ともいえる。ここで世界遺産とは，世界遺産リ

ストに記載されている顕著な普遍的価値（outstanding universal value）が認められた文化遺産[12]，自然遺産[13]，複合遺産[14]のことである。また，世界遺産リストとは，ユネスコ（国際連合教育科学文化機関）[15]総会で採択された世界遺産条約，すなわち世界の文化遺産および自然遺産の保護に関する条約に依拠したリストのことである[16]。

世界遺産リスト作成の根幹である顕著な普遍的価値とは，人類全体にとって現在だけでなく将来世代にも共通した重要性をもつ，傑出した文化的な意義や自然的な価値を意味している[17]。つまり，世界遺産は単なる観光資源を超えた，人類共通の宝物として後世に残していくべきものと理解しなくてはならない[18]。それゆえ，観光者はその価値を十分に理解したうえで世界遺産を訪れる必要がある。すると，観光者はその世界遺産から客体化された文化資本を享受できるであろう。なお，顕著な普遍的価値を客観的に評価するために，登録の基準（図表4－9）が作業指針として定められている。

---

12) 文化遺産とは，人類の歴史が生み出した，記念物や建造物群，文化的景観などを指す。登録基準(i)～(vi)のいずれか1つ以上を認められている遺産が文化遺産とみなされる（図表4－9）。
13) 自然遺産とは，地球の生成や動植物群の進化を示す，地形や景観，生態系などを指す。登録基準(vii)～(x)のいずれか1つ以上を認められている遺産が自然遺産とみなされる。
14) 複合遺産とは，文化遺産と自然遺産の価値を兼ね備えているものを指す。登録基準の(i)～(vi)のいずれか1つ以上，および登録基準の(vii)～(x)のいずれか1つ以上を認められた遺産が複合遺産とみなされる。
15) ユネスコとは，パリに本部をおく国際連合の専門機関で，世界の平和と福祉に貢献することを目的として1945年11月に創設されたものである。
16) 世界遺産条約は，1972年11月の第17回ユネスコ総会にて採択された国際条約である。翌年にアメリカが世界遺産条約に批准してから2年後の1975年12月に締約国数が20カ国に達した時点で発効した。日本が世界遺産条約の締約国となったのは，1992年6月であった。
17) 顕著な普遍的価値の評価と世界遺産への登録手順については，松浦晃一郎『世界遺産－ユネスコ事務局長は訴える－』講談社，2008年，95－138頁が具体例を挙げながら詳しく解説している。
18) 世界遺産は不動産でなければならない。そこで，無形の文化は世界遺産条約ではなく，無形文化遺産保護条約で保護されている。

図表4-9　世界遺産の登録基準

番号	登録基準
(ⅰ)	人類の創造的資質を示す傑作。
(ⅱ)	建築や技術，記念碑，都市計画，景観設計の発展において，ある時期または世界の文化圏内での重要な価値観の交流を示すもの。
(ⅲ)	現存する，あるいは消滅した文化的伝統または文明の存在に関する独特な証拠を伝えるもの。
(ⅳ)	人類の歴史上において代表的な段階を示す，建築様式，建築技術または科学技術の総合体，もしくは景観の顕著な見本。
(ⅴ)	ある文化（または複数の文化）を代表する伝統的集落や土地・海上利用の顕著な見本。または，取り返しのつかない変化の影響により危機にさらされている，人類と環境との交流を示す顕著な見本。
(ⅵ)	顕著な普遍的価値をもつ出来事もしくは生きた伝統，または思想，信仰，芸術的・文学的所産と，直接または実質的関連のあるもの。（この基準は，他の基準とあわせて用いられることが望ましい。）
(ⅶ)	ひときわ優れた自然美や美的重要性をもつ，類まれな自然現象や地域。
(ⅷ)	生命の進化の記録や地形形成における重要な地質学的過程，または地形学的・自然地理学的特徴を含む，地球の歴史の主要段階を示す顕著な見本。
(ⅸ)	陸上や淡水域，沿岸，海洋の生態系，また動植物群集の進化，発展において重要な，現在進行中の生態学的・生物学的過程を代表する顕著な見本。
(ⅹ)	絶滅の恐れのある，学術上・保全上顕著な普遍的価値をもつ野生種の生息域を含む，生物多様性の保全のために最も重要かつ代表的な自然生息域。

（出所）　NPO法人世界遺産アカデミー監修『すべてがわかる世界遺産大事典（上）』マイナビ，2012年，24頁。

　世界遺産リストに登録されるためには，顕著な普遍的価値を示す登録基準のいずれか1つ以上に登録対象が該当する必要がある。また，すべての世界遺産には完全性[19]が，文化遺産には真正性[20]が求められている。この他，登録物件の周辺に適切な緩衝地帯（バッファー・ゾーン）が設定されているのかも審査

---

19)　完全性とは，遺産の顕著な普遍的価値を構成する必要な要素がすべて含まれ，長期的な保護のための法律などの体制が整っていることである。
20)　真正性とは，建造物や景観などが，その文化的背景のもつ独自性や伝統を継承していることである。

対象となっている。さらに，文化的景観[21]という概念が1992年12月から文化遺産の登録審査において採用されている[22]。ただし，文化的景観における3つのカテゴリー（図表4－10）と具体的な世界遺産との対応関係は不明瞭である。

図表4－10　文化的景観の3つのカテゴリー

カテゴリー名	内容
意匠された景観	庭園や公園，宗教的空間など，人間によって意図的に設計され創造された景観。
有機的に進化する景観	社会や経済，政治，宗教などの要求によって生まれ，自然環境に対応して形成された景観。農業，林業，漁業などとも関連している。
関連する景観	自然の要素がその地の民族に大きな影響を与え，宗教的，芸術的，文学的な要素と強く関連する景観。

（出所）　NPO法人世界遺産アカデミー監修『すべてがわかる世界遺産大事典（上）』マイナビ，2012年，29頁を一部修正。

　世界遺産条約で注目すべき点は2つある。第1に自然遺産と文化遺産を1つの条約で保護しようとしていることである。自然を基礎に文化が育まれてきたゆえに，自然遺産と文化遺産の両者を区別したうえでの統一した枠組み，すなわち両者を相対的に独立したものと認識しているからである。第2に世界遺産の保全・保護の第一義的な義務と責任は締約国にあると明確に規定したことである。世界遺産はある特定の文化や文明，自然環境に属し，締約国の内政に関わるゆえに，ユネスコではなく，世界遺産を保有する締約国がその保全・保護に相応しいと考えたからである。ただし，世界遺産リストに登録された文化遺産や自然遺産を，人類共通の遺産として破壊や損傷から保護・保全し，将来世代へ伝承していくためには各国の協力が必須と認識している。

---

[21]　文化的景観とは，人類が長い時間をかけて自然とともにつくりあげた自然景観，自然の要素が人間の文化と強く結びついた人工景観のことである。
[22]　文化的景観については，垣内恵美子「世界遺産条約と文化的景観」根木昭・根木修・垣内恵美子・大塚利昭『田園の発見とその再生－「環境文化」の創造に向けて－』晃洋書房，1999年，49－64頁に詳しい。

さて，世界遺産に申請するためには，第1に遺産を保有する国が世界遺産条約の締約国であること，第2にあらかじめ各国の暫定リストにその遺産が記載されていること，第3に遺産を保有する国自身から申請があること，第4に遺産が不動産であること，および第5に遺産を保有する国の法律などで遺産がすでに保護されていること，これら5つの条件が必要である。

条約締約国からユネスコ世界遺産センターに申請された遺産は，文化遺産ならばICOMOS（国際記念物遺跡会議），自然遺産ならばIUCN（国際自然保護連合）に現地調査を依頼する。なお，ICOMOSは文化財の保存方法に詳しい専門家や団体で構成されるNGO（非政府組織），IUCNは国家政府やNGO，科学者などで構成される世界的組織である。これらの現地調査報告を受けて，通常1年に1回開催される世界遺産委員会[23]で，世界遺産リストへの登録が審議・決定される（図表4-11）。

具体的には，世界遺産委員会で，世界遺産リストへ登録推薦された遺産に対して，登録，情報照会，登録延期，不登録の決議が行なわれる。登録は世界遺産リストへの登録を認める決議，情報照会は世界遺産委員会が追加情報を求める決議[24]，登録延期はさらなる綿密な評価・調査を行なう必要がある，もしくは推薦書の本質的な改定が必要とされる決議[25]，不登録は世界遺産リストへの登録に不適格ということである。

世界遺産には，世界遺産条約3章第11条に基づく，危機にさらされている世界遺産リストに登録されている危機遺産が設けられている。すなわち，世界遺産リストに登録されている遺産が重大で明確な危機にさらされており，保全のために大規模な作業が必要であること，さらに世界遺産条約に基づく援助がそ

---

23) 世界遺産委員会は1976年の世界遺産条約締約国会議で設立された。締約国の中から選出された21カ国で構成される世界遺産委員会の委員国の任期は6年である。だが，衡平な代表性を確保し，均等に機会が与えられるように，自発的に4年で任期を終えることや再選を自粛することが望ましいとされる。
24) この場合，次回の世界遺産委員会に推薦書を再提出し，審査を受けられる。3年以内に再提出がない場合，それ以降は新規の登録推薦とみなされる。
25) この場合，推薦書の再提出から1年半の審議に付される。

の遺産に対し要請されていることを条件として,その遺産を危機遺産リストに登録できる。危機遺産リストに登録されると,その遺産を保有する国は世界遺産委員会と協力して,保全計画を作成し,それを実施しなければならない。なお,実施段階では世界遺産基金を活用できる[26]。

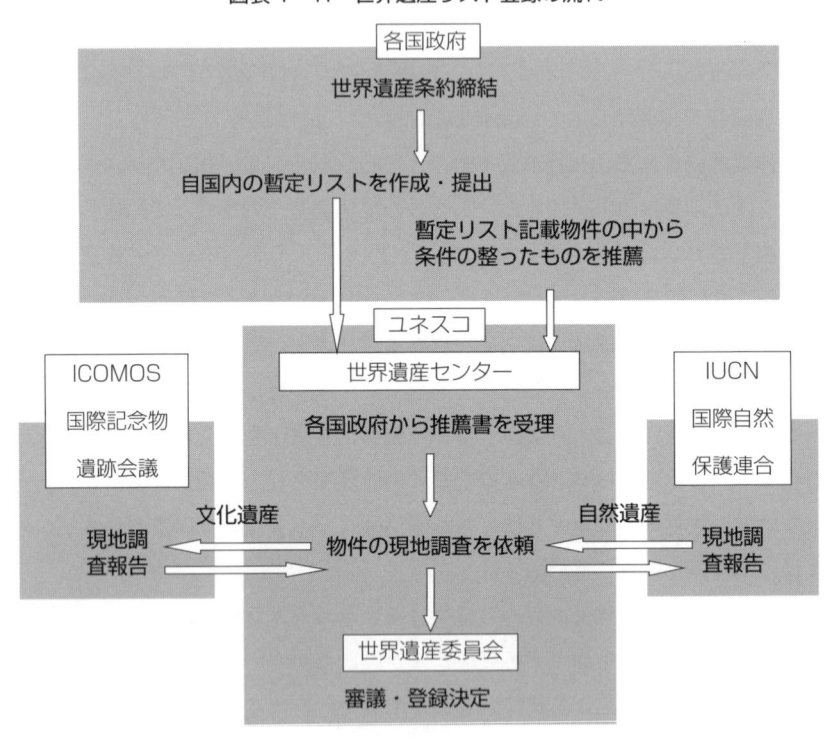

図表4-11　世界遺産リスト登録の流れ

```
各国政府
  世界遺産条約締結
    ↓
  自国内の暫定リストを作成・提出
  暫定リスト記載物件の中から
  条件の整ったものを推薦
    ↓
ユネスコ
  世界遺産センター
  各国政府から推薦書を受理
    ↓
  物件の現地調査を依頼
    文化遺産 ← → 自然遺産
  ICOMOS          IUCN
  国際記念物       国際自然
  遺跡会議         保護連合
  現地調査報告    現地調査報告
    ↓
  世界遺産委員会
  審議・登録決定
```

(出所)　社団法人日本ユネスコ協会連盟編『世界遺産年報　2008　No.13』社団法人日本ユネスコ協会連盟,2007年,45頁。

---

26)　世界遺産基金とは,ユネスコの財政規則に基づいて設立された信託基金であり,世界遺産委員会が決定する目的にだけ使用できる。財源は,世界遺産条約締約国の拠出金,締約国以外の国や政府関係機関,個人からの拠出や贈与・遺贈から構成されている。

第 5 章　旅行商品と文化

第 1 節　旅行商品の特徴と市場価格

　旅行商品（tourist products）は観光行動に付随する，交通業，宿泊業，観光レストラン，土産品店などといった個々のサービスや財をシステムとして組み合わせたものである。つまり，旅行商品は複合商品である。旅行商品は旅行業の誕生によって造成されるようになった。特に，旅行の基礎的条件が整った1950年代から1960年代にかけて，募集型企画旅行（パッケージ・ツアー）商品に代表される団体旅行者向け商品として，旅行商品は急速に成長していった。

　しかし，20世紀の終わり頃から，国内観光だけでなく国際観光でも，団体よりも個人での旅行を志向する観光者が増えてきた。こうした観光需要の変容に伴い，従来のパッケージ・ツアーに加えて，個人旅行対応型の航空券だけや宿泊券だけといった旅行商品が登場するようになった。それら単独の旅行商品は単品ないし単品商品と呼ばれ，包括的な旅行商品とは区別される[1]。

　そうした観光需要の変容に対して，近年，旅行業はダイナミック・パッケージ（Dynamic Package）と呼ばれる旅行商品を開発して対応している。これは情報通信技術（ICT）の進展を背景とする電子商取引を通じて，利用航空機と利用ホテルを顧客が自由に選んで組み合わせられる商品である。なお，ダイナミック・パッケージは従来よりもいくらか廉価で販売できる。その理由として，店頭販売と異なり，人件費，パンフレット代や流通費などを省けることが挙げられる。また，旅行業は従来通りに商品の仕入れで規模の経済を享受できる。今後，ICTの操作や旅行に慣れた観光者が増えてくれば，電子商取引は店頭販

---

1)　河村誠治『新版　観光経済学の原理と応用』九州大学出版会, 2008年, 47-49頁。

売を補完する位置になっていくであろう。

　ただし，旅行業の視点で考えると，単に旅行商品を販売するだけでは，旅行業の存在意義が小さくなる。それゆえ低廉性の他に，顧客の必要・欲求と整合性をもつ旅行商品を造成すること，また自社の単品や旅行商品を購入すると象徴性や信頼性といったイメージが観光者に付与されるような工夫が旅行業には求められる。

　一方，旅行業を通さないで，交通業が直接に自社の単品商品を顧客と電子商取引する事例もある。例えば，航空各社における自社便の航空券予約・販売が挙げられる。あるいは，ホテルの宿泊券と自社の航空券をセット販売して，利用者の利便性を高めるダイナミック・パッケージを導入している航空会社もある。これらの場合，顧客は旅行業に支払う取扱手数料が不要になるなどの理由から航空券や宿泊券を廉価で購入できる。ただし，交通業はすべてを直販にするのではなく，マーケティング力や商品企画力に優れた旅行業への販売委託も併存させながら，在庫陳腐化のリスクヘッジをしている。

　さて，旅行商品はサービスという即時財であるが，有形財の商品と同様に，使用価値と交換価値がある。両者のうち，商品の生産者は利益に結びつく無差別な使用価値，すなわち交換価値の本体である価値にしか興味がない。なぜなら，商品を使用価値からみると，客観性があるにもかかわらず，それは他人用の使用価値であるために商品生産者にとっては無差別・無関心となっているからである。だが，商品生産者は商品の価値を実現するために，他人用の使用価値を実現しなくてはならない。

　商品の価値とは，その経済的価値（非実在の対象で観念的な存在）の2側面，すなわち客観的側面と主観的側面のうち，前者に相当する。資本主義社会における経済的価値の客観的側面は商品所有者間の交換関係の中で認識できる。その交換関係にある商品には人間労働が対象化されており，共通の社会的評価が反映されているからである。商品価値の実体が社会的労働であることから，商品価値の大きさは労働量（労働時間）で測定される[2]。

　旅行商品の生産過程における他人用の使用価値（有用性）と価値との2重性

を解明する研究手法は社会経済学，すなわち労働価値説を基礎にしたものである。労働価値説では，人間社会に不可欠な物質的生産の一般理論である価値の媒介による資源配分の方法すなわち価値法則を，まずは社会的再生産過程という質的側面から明らかにしていく。

だが，旅行商品には価値法則が単純に適用できない場合もある。なぜなら，第1に観光対象としての自然観光資源のように労働が関与していないものが商品化されていること，第2に資本主義社会に移行する前の生産物である人文観光資源を観光対象として想定した場合，それらを新たに再生産できないために，そこに投下された労働の価値が測定できないこと，以上の2点が考えられるからである。

したがって，人間労働が関与していない自然観光資源（山岳や高原など），資本主義社会以前に製作された人文観光資源（史跡や社寺など）といった観光対象は，労働価値説の立場からみると，たとえ旅行商品の構成要素としてそれらが観光者に大きな満足を与えたとしても，観光者がそれらに代価を支払う必然性はない。ただし，それらの素材的側面の現状維持（保全や補修）に投下した労働量（労働時間）で測定した価値を根拠に観光資源の所有者が観光者から代価を徴収することも考えられる。あるいは，展望台のような観光施設を設置した場合には，その観光施設の使用料を徴収することもできるであろう。

その他，観光産業の価格設定では，観光資源がもっている外部効果へのフリー・ライダー（ただ乗り）という側面が指摘できる。例えば，海岸沿いに立地しているホテルでは，海が一望できるオーシャン・ビューの客室料金をそうでない客室より高額に設定できる。海や海岸という自然観光資源が生み出す外部効果を価格に転嫁できるためである。そうした景観を生み出す自然観光資源には人間労働が関与していないゆえに，そのホテルは外部効果にただ乗りしているといえる。つまり，優れた自然観光資源を活かす場所に観光施設を建設す

---

2) 商品の価値の大きさは，その商品の生産部門において社会的に標準的な生産手段と社会的に平均程度の熟練・強度の労働でもって，その商品を新たに再生産するために社会的に必要な労働量（労働時間）で規定される。

れば,その資源が生み出す外部効果を観光産業は内部化できるといえる。

しかし,観光対象としての自然観光資源は観光産業の管理能力を超えている。例えば,天候の急変のような予期せぬ事情で,観光対象に変化が生じた場合,観光産業が観光対象の外部効果にただ乗りできないことも起こりうるからである[3]。この代案として,各種のイベントを観光施設やその周辺で定期的に演出しながら,観光産業はリスク分散をしている。さらに,交通業や宿泊業それ自身が観光者の本源的需要となれるように,ホスピタリティに代表される,顧客との双方向的な関係の構築を観光産業は試みている。

ここで,観光者と旅行商品の関係を確認しておこう。観光対象から満足を得るために,観光資源,例えば海岸や美術館のある場所まで観光者は移動しなければならない。また,宿泊や食事の施設も観光者には必要となる。つまり,自力での移動,滞在,食事を除き,観光者は交通業,宿泊業,観光レストランなどから商品としての交通や宿泊サービス,飲食物を購入し,観光をしている。その際,料理を除く旅行商品は生産されても目にみえる生産物を作っていない。だが,観光者に企図した通りの有用性を創出している限り,サービス商品を生産しているとみなせる。ゆえに,そこでは価値が生産されている。

旅行商品の特徴を振り返れば,複合性と即時性にまとめられる。すなわち,第1に観光者は,交通業や宿泊業などを自らの観光行動に合わせてシステムとして利用することから,旅行商品の複合性が指摘できる。第2に生産されるその場所と時間に顧客が存在しないと,土産品のような有形財を除く旅行商品はすべて無駄になってしまうことから,旅行商品の即時性が挙げられる。旅行商品の生産過程と消費過程は場所的・時間的に一致しているため,旅行商品は保管できないからである。旅行商品は顧客との共同生産なのである。

料理のような有形財を除く,交通サービスや宿泊サービスという旅行商品(完成財)の生産においては,観光事業従事者によってなされた労働が,労働対象である観光者に使用価値(有用性)として対象化ないし蓄積される。すな

---

3) 稲垣勉「観光消費」岡本伸之編『観光学入門-ポスト・マス・ツーリズムの観光学-』有斐閣,2001年,239-241頁。

わち，交通サービスや宿泊サービスという旅行商品の生産では，観光事業従事者が，労働力と労働手段とをもって観光者という労働対象に直接に働きかける労働行為を通じて，企図したとおりに労働対象の価値を実現している。それゆえ，経済的価値が生産されており，それが市場価格の根拠となりうる。

　旅行商品の構成要素として，観光資源，観光施設，観光事業従事者，および観光者が挙げられる。生産の準備段階では，観光資源，観光施設，観光事業従事者が，プル要因としての旅行商品（中間財）を生産している。そこに観光者が入ることで，完成財としての旅行商品が生産できる。観光資源や観光施設を活用しながら，観光労働が企図した通りに観光者の価値を実現することで，旅行商品の生産が完了するからである[4]。だが，労働対象である顧客が常に存在するとは限らない。そのため，旅行商品の生産においては，観光需要の波動性と連動したピークとオフ・ピークが生じやすい。このように，観光産業では需要に生産が規定されるため，観光需要の均一化が戦略として重要となる。

　そこで，観光産業は流通過程を生産過程と消費過程に先行させる戦略を採用している。換言すれば，顧客の利用する日時に先立って，その旅行商品や単品商品を販売していく。需給関係が早くから明確になる点でその戦略は観光産業にとって有用となる。特に，交通業や宿泊業は商品の販売状況に合わせて価格を上下させるレベニュー・マネジメントという手法を活用している。ただし，旅行商品は即時財であるため，生産過程と消費過程だけでなく，流通過程もが場所と時間において一致しなければならない。ゆえに，有形財と異なり，たとえ流通過程で観光者が旅行商品を購入したとしても，その所有権は観光者にはない。観光者はただその商品を利用できる権利を手にするのみである。

---

[4] 河村，前掲『新版　観光経済学の原理と応用』55-60頁。

第2節　観光地・観光施設と文化

　観光地とは，観光対象としての観光資源と観光施設の集積が認められること，それらが徒歩で移動できる程度の密度をもっていること，以上2つの特徴を有する地区のことである。したがって，観光資源と観光施設を自動車などで移動する場合は観光地域と呼ばれ，観光地と区別している。また，観光地は市町村行政の単位で呼ばれることもあるが，それと必ず一致するとは限らない[5]。そこで，観光地は観光資源や観光施設それ自体の評価が高いものの集積で代表され，そこに共通する性質に着目しながら，概念化がなされている（図表5－1）。

図表5－1　観光地の種類と概念

観光地の種類	その概念
海浜観光地	海浜に位置し，海（海浜および海）の利用を基調とする観光地
高原観光地	高原状で冷涼な条件を基調とする観光地
温泉観光地	温泉を基調とする観光地
歴史・文化的観光地	歴史的遺産や文化施設などを基調とする観光地
宗教的観光地	宗教上の聖地として，聖地巡礼のような活動を基調とする観光地
一般観光地	行政・交通・商業など一般の都市機能を基調とする観光地
景勝地	自然景観に恵まれた，みる活動を中心イメージとする観光地
景観保護地	小道程度の歩道以上の開発を進めず，保護対象の自然を有する地（ロードレス・エリア）
観光施設地	観光施設だけが単独で存在する場所
帯状観光地	ドライブウエー，川下りなど面的に細長く，景観的に恵まれた地域

（出所）　鈴木忠義「観光計画の基本事項」鈴木忠義ほか編『ケーススタディ　観光・レクリエーション計画（土木工学体系30）』彰国社，1984年，72－73頁を一部修正。

---

5)　鈴木忠義「観光計画の基本事項」鈴木忠義・毛塚宏・永井護・渡辺貴介編『ケーススタディ　観光・レクリエーション計画（土木工学体系30）』彰国社，1984年，68頁。

続いて，観光施設を観光資源と観光対象の視点から確認しておこう（図表5-2）。自然観光資源や人文観光資源の中には，観光施設による補助を通じて観光対象となっているものがある。そうした観光資源は元の状態では観光資源の利用に際して観光者が制約を受けやすい。そこで観光者の効用を高めるため，観光資源に観光施設を設置している。一方，観光資源に観光施設を設置すれば，それが直ちに観光対象になるとは限らない。そもそも観光資源の利用に際しては，観光対象として質・量ともに優れていること，利用によって採算性が期待できること，すなわち観光資源に誘致力が必要とされるからである[6]。

　さて，観光施設には上述した観光資源を補助して観光対象とする機能の他に，観光施設を目的的な観光対象とする機能がある[7]。まず，補助的な機能からみていこう。例えば，自然観光資源の保護を重要視して，観光者の利便性を最低限改善する程度の歩道や展望台（観光施設）の設置しか政府が許可しない場合が挙げられる。これは観光施設よりも自然観光資源が観光対象として，誘致力をもつ事例である。ゆえに，観光関連産業の関与度は極めて低くなる。

　次に，目的的な機能をみていこう。例えば，人文観光資源（ピカソの絵画）を展示する観光施設（ピカソ美術館）が，その観光資源の存在によって観光対象としての誘致力をもつ事例が挙げられる。あるいは，東京ディズニーリゾート（TDR）が挙げられる。TDRは観光資源として何も価値のない東京湾の埋立地に人工的な施設を建設したものにすぎない。だが，多彩なコンテンツと連動した集客力の高い観光施設が観光対象として目的化している。したがって，TDRは観光資源よりも観光施設が，観光対象として観光者の誘致力をもつ代表的な事例であるといえる。

　最後に，補助的な機能と目的的な機能の中間としての観光施設をみてみよう。例えば，ホスピタリティ，料理，調度品，建物の内装や外装の優れたホテル（観光施設）が周囲の自然観光資源との一体感を醸し出している場合を考えて

---

[6]　小谷達男『観光事業論』学文社，1994年，50頁。
[7]　稲垣勉『観光産業の知識』日本経済新聞社，1981年，170-171頁。星野朋子「観光施設」岡本編，前掲『観光学入門』188-189頁，193-194頁。

みよう。そこでは観光施設が自然観光資源を観光対象として補助する機能に加えてその観光施設が観光対象にもなっている。自然観光資源の文化的な解釈が観光施設に反映できる，計画的なリゾート開発においてみられる事例である。

図表5-2　観光施設

種類		具体例
観光対象としての施設	1　観光資源に付加され観光対象とする施設	自然観光資源については，歩道，展望台，休憩舎，トイレ，管理舎，安全施設など
	2　文化施設・観覧施設（観光施設Ⅰ）	総合施設（国民休暇村・保養温泉地など），動物園，植物園，博物館，美術館，水族館，テーマパーク，観光牧場・農場，劇場，工場，町並みなど
観光対象化傾向の施設	3　交通施設（観光施設Ⅱ）	バス，タクシー，鉄道，船舶，航空機，ケーブルカー，ロープウェイ，リフト，駅舎，空港，海港など
	4　宿泊施設（観光施設Ⅱ）	ホテル，旅館，ロッジ，山小屋，宿坊，ペンション，民宿，国民宿舎など
	5　レクリエーション施設（観光施設Ⅱ）	海水浴場，キャンプ場，スキー場，テニス場，各種競技場，レジャーランドなど
	6　飲食休憩・物品販売施設（観光施設Ⅲ）	レストラン，料亭，食堂，ドライブイン，レストハウス，サービスエリア，道の駅など
	7　観光案内施設（観光施設Ⅲ）	観光案内所，ガイド詰所など
	8　公共サービス施設（観光施設Ⅲ）	管理事務所，出張所，詰所，連絡所（一般行政・医療施設）など

（注）　観光対象化傾向の施設とは，本来，観光対象ではない観光施設が，観光対象となりうることを意味する。

（出所）　鈴木忠義「観光計画の基本事項」鈴木忠義・毛塚宏・永井護・渡辺貴介編『ケーススタディ　観光・レクリエーション計画（土木工学体系30)』彰国社，1984年，69頁を参考に筆者作成。

観光地を構成する観光資源と観光施設の関係は，文化資本の考え方を適用すると理解しやすい。それはその場所の自然観光資源や人文観光資源から設計者が解釈した文化資本を観光施設に反映することで始まる。そして観光者はその

文化資本を享受していく関係におかれる。すなわち，観光施設に客体化された文化資本が，周囲の観光資源に合致するだけでなく，観光者に身体化された文化資本とも整合性をもつように観光地を開発することである。そうした観光開発が観光者にプル要因として働くならば，また実際に観光上の高い満足を与えるならば，集客に結びつくであろう。

ところで，文化資本とは何であったろうか。そもそも文化とは，人間の社会的・歴史的な発展の過程で，自然環境を自分に順応させるための装置としてつくりだされたものである[8]。また資本とは物事を生み出す力である。それゆえ，文化資本とは人類の英知を集大成して概括した力といえる。そこで，美術館に展示してあるピカソ（P. Picasso）が描いた絵画を事例に人文観光資源と観光施設における文化資本の関係を考えてみよう。まずピカソの身体化された文化資本が客体化された絵画から，その客体化された文化資本を鑑賞者が追体験できなければならない。そのためには，鑑賞者がピカソに類似する身体化された文化資本を事前に修得していることが求められる。

さらに，美術館の運営から採算性を引き出すためには，ピカソの絵画を展示する美術館（観光施設）にも，その絵画に近似する文化資本が客体化されていることが望ましい。運営段階で大勢の観光者を誘引するためには，観光施設も観光対象になるからである。それゆえ，ピカソの絵画と類似する水準の観光施設を設計・建設できる技能や技術が設計者や工事関係者に備わっていなければならない。あるいは，既存の建築物の中から，その基準に合致するものを選択する必要がある。文化資本としての観光資源と観光施設が観光者の文化資本と整合性を有するとき，その文化資本が経済資本を牽引していくからである。

以上を敷衍すると次のようになる。すなわち，文化資本の資本は作用する力を意味しており，商品のような固定化された構造の中におかれていない。資本は新たな関係を構築していく，構造化する構造である。ゆえに，文化資本は商品に典型的な交換関係とは異なり，文化を基軸に新たな関係を創造していく力

---

8) 竹内芳郎『文化の理論のために－文化記号学への道－』岩波書店，1981年，28頁。

となる。ただし，観光資源と観光施設の文化資本が観光者個人に留まっているだけでは，資金を動かす，構造化する力として作用しない。これが社会関係資本，すなわち口コミなどを通じて多様な社会的ネットワークと結びつくと，第3者にもその文化資本が伝達され，資金が動く場が形成されていく。

そのためには，第1に観光資源と観光施設が文化資本の力によって象徴資本となっていること，第2にこの象徴資本のメッセージが観光者の文化資本水準に合致していること，およびそれが旅行商品と一体化していること，第3に旅行商品を消費するために必要な観光者の経済的・時間的条件を満たしていること，以上3つを満たす必要がある。すると，観光行動が生じ，文化資本が経済資本として資金を引き出していくといえる[9]。

文化資本としての観光資源を活用して人々を観光地に誘引するためには，観光資源が観光者の文化資本水準と整合性をもつこと，およびそれに近似する文化資本をもった観光施設を整備することが重要であった。観光施設は単に観光資源を補助するだけでなく，観光者を引きつける観光対象としての役割も果たすからである。その他，観光施設では人的サービスを通じて観光行動に必要な旅行商品の供給も行なわれている。交通施設，宿泊施設，レクリエーション施設や飲食休憩施設がそうした観光施設の代表である。そこでは，観光施設の他に，観光労働の質と量が観光者の満足度に影響を与えている点に留意したい。

第3節　観光労働とホスピタリティ

観光産業は，観光地に向かう観光者に，往復の交通サービスや観光地における交通サービスを，また宿泊や飲食などの各種サービスや財を商品として供給している。ゆえに，旅行商品とは観光事業従事者が交通や宿泊（飲食）などの基本的な旅行サービスを商品として観光者に提供するものといえる。特に交通

---

[9] 山本哲士『文化資本論－超企業・超制度革命にむけて－』新曜社，1999年，48－49頁。福原義春・文化資本研究会『文化資本の経営』ダイヤモンド社，1999年，144－145頁。

業や宿泊業といった観光産業では，観光事業従事者が観光施設を使用しながら観光者に働きかけることでサービス商品を生産している点に特徴がある。ただし，旅行商品の利用者にはビジネスを目的とする人々もいる。それゆえ，観光産業の側からは観光とビジネスの両者を目的とする人々の必要・要求を区別したうえで，両者を顧客とするほうが採算性の向上に寄与するであろう。

さて，旅行商品を構成する個別の交通サービスや宿泊サービスは，交通や宿泊という基本的な旅行サービスを商品として提供するだけではない。そうした旅行サービスを補完する定型的な対応に加えて，突発的な出来事への臨機応変な対応が必要とされる場合もある。そのうち，補完的だが定型的な対応はサブ・サービスとして商品化[10]できるので，結局，旅行商品の基本的なサービスとサブ・サービスの両者から２重の経済的価値が創出されることになる。すなわち，基礎的なサービスと補完的なサブ・サービスを生産・提供する旅行商品は，観光事業従事者による労働と観光施設でもって観光者に企図した使用価値を対象化する限り，いずれも価値形成労働といえる。

同一の旅行商品は原則として同一の内容と価格である。有形財の商品と同じく代価の根拠となる一定の物的証拠・接遇内容と労働量（労働時間）が即時財の旅行商品にも対象化されているからである。つまり，観光資本の価値増殖に寄与する，経済的価値が旅行商品に内在化されている。なお，経済的価値とは交換価値の本体に相当する客観的な存在であり，商品価値の根拠である。商品価値の実体が社会的人間労働であることから，商品価値の大きさ，すなわち経済的価値の大きさは労働量（労働時間）で測定される。

旅行商品は観光資本の価値増殖に資するように，同一の旅行商品では質と量の両面において画一化を志向する。画一的な旅行商品とは，どの顧客に対しても同じ形式・内容の旅行サービスを商品として提供することである。これは接遇の定型化あるいはマニュアル化を可能にする。したがって，不熟練の観光事業従事者でもマニュアルさえ修得できれば，その水準において接遇できる。つ

---

10) 例えば，機内食の提供という交通サブ・サービス商品，ビジネス・センターやスパの運営という宿泊サブ・サービス商品などが該当する。

まり，観光産業は画一化された旅行商品を販売することで，異なる観光者に同一の接遇を行ないながら，生産性を向上させていくのである。

画一化・マニュアル化された旅行商品が造成される理由を繰り返すと，それは商品価値の根拠である経済的価値の大きさに求められた。同一の旅行商品であれば，観光産業は顧客によって接遇の形式・内容を変えることなく，画一的な質と量の労働で商品としての旅行サービスを提供する。これは顧客をマニュアルで管理することも意味している。すなわち，同一の旅行商品の生産には労働の画一性を前提に，同一の労働量（労働時間）が含まれることが求められる。これが旅行商品における生産性の向上に結びつくのであった。

さらに，旅行商品がその場における固有の自然・社会・文化をさほど考慮しないで画一性を追求していく理由として，再生産の技術的法則性に従う必要性が，換言すれば，事前に生産要素の投入量が定められていなければならないことが挙げられる。観光者の文化資本水準に合わせて，その場の自然・社会・文化状況に応じたしつらえを観光事業従事者が行なえば，商品再生産の技術的法則性との間に不整合が生じ，生産の効率性に支障を与えるからである。

だが，観光者と観光事業従事者が出会う実際の場には次のような差異がある。すなわち，同じ場を想定しても時間・天候・季節などによって状況が常に変化すること，多国籍企業の場合，現地の伝統的な社会や文化という場を想定するのか，あるいは観光産業運営側の社会や文化を基軸とする場を想定するのかによっても環境が変化することである。しかし，同一商品同一価格を実現するためには，そうした場の自然・社会・文化の差異をできるだけ除外しなくてはならない。特定の日時における同じ状況下にある旅行商品が同一の形式・内容であれば，同一の労働量（労働時間）が含まれるだけでなく，他者との比較において観光者からの不平・不満が生じにくいからである。

外在化されている社会を基準としながら，観光事業従事者が自らのサービスを観光者に対象化している限り，場の自然・社会・文化は重要視されない。観光施設における場に応じた観光者との関係構築よりも，旅行商品と代価の交換のほうが観光事業従事者には優先されるからである。複数の顧客に対して，1

人の従業員が効率性を基準に対応できるからである。

　だが，すべての顧客に同じように接遇するため，観光者によっては不満を感じるかもしれない。観光者に身体化された文化資本は各自で異なるゆえに，同一形式・内容の旅行商品を提供する限り，そこから逸脱する領域が生じてくるからである。そこで，その場を活用しながら観光者との関係を構築するためには，社会を観光事業従事者に内在化させる必要がある。そうすることで１人の従業員が１人の顧客の必要・欲求に対応できるからである。生産性はサービスよりも劣るが，個々の顧客からは高い満足を得られるであろう[11]。

　観光者と観光事業従事者が直接に対峙する場には，サービスとホスピタリティ（しつらえ）が重なり合っている。商品生産の効率性追求が前面に出るとサービスとなり，観光事業従事者と観光者との１対１の関係，主客同一の関係が前面に出るとホスピタリティに傾斜する。ただし，ホスピタリティを実行するには，生産技術の活用法を記したマニュアルに制約されない，何事かを創造していく関係，すなわち文化資本を自己技術として活用する能力を観光事業従事者が事前に研鑽・修得しておかなくてはならない。例えば，多言語を介したコミュニケーション，文化的・宗教的な行為やライフスタイルに応じた細やかな気配り，突発的な出来事への対応までが観光事業従事者には求められる。

　つまり，ホスピタリティの発揮には，サービスよりも高度な能力，すなわち場に応じた，身体化された文化資本の運用能力が求められる。観光事業従事者はマニュアルを介して会社に管理されるのではなく，マニュアルを自己管理していかなくてはならないからである[12]。したがって，資本としてホスピタリティを活用するためには，実質的な１人会社制の導入が必要となる。

　サービスが商品の交換という等価関係である一方，ホスピタリティは場ごとにおける差異という不等価関係である。サービスはプライベートを社会的なものとする社会管理となっている。これに対して，ホスピタリティはプライベー

---

11)　山本哲士『ホスピタリティ原論−哲学と経済の新設計−』文化科学高等研究院出版局，2006年，34−49頁。
12)　同上書，269−320頁。

トをその場における標準的なものとする自己管理となっている。サービスは価値観の差異性を認めたうえでの場の標準化よりも，価値観の統一性による場の社会化にベクトルが向いている。そのため，プライベートが損なわれる可能性がある。一方，ホスピタリティは述語だけで間に合うプライベートな関係が保証されていく。1対1の関係になるゆえに主語・主体は不要となるからである。

　観光事業従事者1人が多数の観光者に対応するサービスと比べて，ホスピタリティでは高度な専門性と幅広い教養を修得した観光事業従事者が，顧客との主客同一の関係を前面に押し出しながら，1人の観光者に対応をしていく。また，プライベートを基準に構築された空間を観光施設内に創造していく。つまり，観光事業従事者には観光者と共有している場のコンテクストを瞬時に読み解く能力，換言すれば，そこに固有の自然・社会・文化を活かした空間を築ける，身体化された文化資本の運用能力が不可欠となる。

　それゆえ，ホスピタリティを経済資本すなわちビジネスとして活用すれば，利用者1人あたりの費用が非常に高額とならざるを得ない。身体化された文化資本の修得に観光事業従事者が長い時間を要するだけでなく，生産の効率性がサービスよりも劣るからである。高額な費用を払える人々の数は限定される。そのため，ホスピタリティ・ビジネスが高収益に直結していくとは限らない。だが，中・長期的には，ホスピタリティという文化資本が象徴資本となり，これに同調する人々が徐々に増えることで一定の集客につながる。その結果，利用者に心理的・空間的・時間的・環境的な価値を提供できるホスピタリティが観光産業における経済資本として作用し，採算性がみこめる[13]。

　観光者に常に最高の場を提供すること，相手の心中を察し期待以上の空間をしつらえることがホスピタリティである。それゆえ，観光事業従事者には個として高度な文化資本が蓄積されていなければならない。また，自身に身体化された文化資本を社会に対してではなく，プライベートを基準に構築された空間に対して外在化していく必要もある。なぜなら，観光事業従事者はマニュアル

---

13)　同前書，386頁。

を介さずに，顧客と直接に対峙しなければならないからである。また，観光者のプライベートを守るために，観光者のいる場を観光者の文化資本に同調させなければならないからである[14]。

歴史を振り返れば，古代ギリシャでは，宗教上の祝祭やスポーツを目的に楽しみながら旅行する観光者の数が増えるにつれて，商業目的の宿泊施設が主な都市や港に設けられていった。かつて教会や修道院が宿泊施設として旅行者にその場に応じた空間をしつらえたことがホスピタリティの原点であった。だが，商業目的の宿泊施設では，皆を平等に扱う必要が出てきたのである。そこで，最低限の同じ行為を多くの人々に提供していくように，ホスピタリティがサービスへと変容していった。その後，資本主義社会になると，サービスは商品生産形態と整合性をもち，商品化されていった。

ホスピタリティからサービスやサービス商品へと移行した結果，観光者のプライベートなものが看過されていった。だが，経済が一定の水準に達すると，各人の文化資本の差異を反映して価値観の多様化が進んできた。すると，プライベートなものを再び希求する人々が現れてきた。つまり，商品としてのサービスから資本としてのホスピタリティへの再転換が望まれるようになった。

サービスが行為を重んじるのに対して，ホスピタリティは関係を重んじる。その場における観光者と観光事業従事者との関係に応じてホスピタリティは創造されていくからである[15]。したがって，ホスピタリティは観光者のプライベートにも対応できるため，観光者が従うべき社会的な規則はない。敵対的関係にあった観光者と観光事業従事者との間に，新たな関係を観光事業従事者が

---

14) 同前書，355-366頁。
15) 観光事業従事者の個人的ハビトゥスと資本を組み合わせたものが，場（観光者に対する行為がなされる状況や環境）に応じながら，ホスピタリティを創造していく。個人的ハビトゥスはさまざまな行動の根底にある傾向性の全体であり，思考・知覚・表現・行為を生み出していく個人的な能力（構造化する構造）とその枠組み（構造化された構造）から成る。個人的ハビトゥスの枠組み（構造化された構造）は，集合的ハビトゥスすなわち家庭環境，学校や企業の教育環境，あるいは個人的な社会的ネットワークを通じて観光事業従事者に身体化されたものである。それゆえ，ホスピタリティには均一性と多様性が共存している。

構築していくからである。この緊張関係の中にホスピタリティは創出されていく。すなわち，自分と他人を区別すると同時に自分と他人を関係づけていく。ここから新たな関係としてのホスピタリティが創造されていく[16]。

---

16) ホスピタリティについては，Derrida, J. et A. Dufourmantelle, *De l'hospitalite*, Paris：Calmann-Lévy, 1997（廣瀬浩司邦訳『歓待について－パリのゼミナールの記録－』産業図書, 1999年）から多くの示唆を受けた。

第6章　観光産業の領域と種類

第1節　観光産業の領域と特質

　観光産業は旅行の準備，移動，滞在の各段階で観光者に旅行商品を販売している。準備過程では主に旅行業が，移動過程では交通業（航空，鉄道，船舶，バス，タクシー，レンタカーなど）が，滞在過程では宿泊業（ホテルや旅館など）がその任を担当している。その他，移動途中や滞在場所で観光レストラン，土産品店や免税店などが各種サービスや財を提供している。だが，旅行をシステムとして捉えた時に最低限必要なものは，移動と滞在に関するサービス商品である。つまり，交通業，宿泊業，旅行業が観光産業の中核的役割を担っている。

　観光産業は観光目的の利用者から認識したものである。それゆえ，ビジネス目的の利用者からは旅行産業と表現するほうが適切である。例えば都市のホテルに宿泊している顧客は，観光とビジネスを目的とする者に大別できる。その中でも，ビジネス目的で滞在している顧客にとって，ホテルは観光産業として認識できないであろう。一方，ホテルにとってビジネス目的の顧客は収入源として看過できない。ゆえにホテルも自らを観光産業と必ずしも認識しないであろう。都市内の交通業や旅行業にも同様なことがいえる。

　すなわち，それらは需給の両面において，観光に特化した業種とは断定できない[1]。したがって，観光目的とビジネス目的の旅行者を区別したうえで，両者を取扱うことになる。換言すれば，観光者にとって必要な，移動，滞在，飲食，買物，娯楽・レジャーなどの旅行商品を提供するシステムの一部として，自らを旅行産業から相対的に独立した観光産業と認識していくことなる。それ

---

1) この点は，標準産業分類や産業連関表に観光産業という項目が設けられていないことからも説明できる。

は観光者を標的とする戦略立案において必須といえる。

　観光に関する各種サービスや財を提供する観光産業（交通業，宿泊業，旅行業，観光レストラン，土産品店，免税店，テーマパーク・遊園地など），および観光関連産業（一般の商店，飲食店，工芸店，物産店，映画館，銀行，クレジット会社，農林水産業，地場産業など）を合わせて広義の観光産業と呼んでいく（図表6－1）。広義の観光産業は，観光行動を基準に識別するゆえに，その業種は多岐にわたる。そして，その業種の多さが地域や国における経済的効果（経済波及効果）の源泉として期待されている。さらに，広義の観光産業は社会的・文化的効果も創出できるため，観光政策の対象になっている。

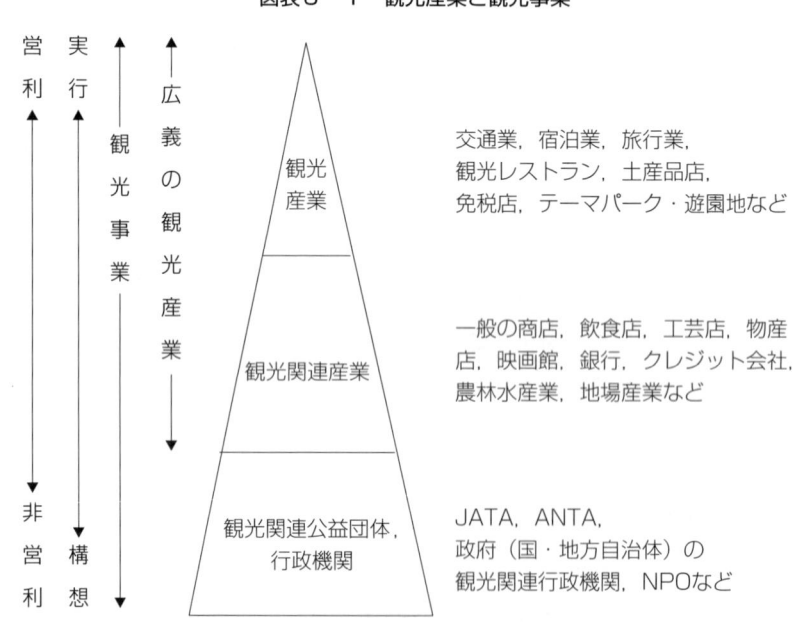

図表6－1　観光産業と観光事業

営利 ↑↓ 非営利	実行 ↑↓ 構想	観光事業 ↑↓	広義の観光産業 ↑↓	

ピラミッド図：
- 上段：観光産業 — 交通業，宿泊業，旅行業，観光レストラン，土産品店，免税店，テーマパーク・遊園地など
- 中段：観光関連産業 — 一般の商店，飲食店，工芸店，物産店，映画館，銀行，クレジット会社，農林水産業，地場産業など
- 下段：観光関連公益団体，行政機関 — JATA，ANTA，政府（国・地方自治体）の観光関連行政機関，NPOなど

（出所）　河村誠治『新版　観光経済学の原理と応用』九州大学出版会，2008年，145頁を一部修正。

　立地から観光産業をみれば，その多くは観光地にあるという特徴を指摘できる。例えば，宿泊業，観光レストラン，土産品店，さらに観光地内の移動（2

次交通)を担当する交通業が挙げられる。土産品店を除く旅行商品には即時性,すなわち旅行商品の生産(消費)される場所と時間を,消費(生産)される場所と時間に一致させる必要性があるからである。そもそも観光対象になる観光資源は特定の場所に固定されている。その観光資源に誘致力があるならば,その価値を享受するために観光者はその地を訪れる。観光産業はその観光者を労働対象に据えている。したがって,観光者が求めるサービス商品を提供するため,観光産業は必然的に観光地に立地することになる。

　観光資源の種類(例えば夜桜や寺社のライトアップ)によっては,その価値を享受できる時間や時期に観光者がその場所へ移動する必要が生じる。観光資源は自然や社会の中に実体として存在しているため,時間と場所の制約から逃れられないからである。逆に,観光地側の観光産業(例えば宿泊業)にとっては,そうした観光資源の価値との相乗効果で自社の商品価値を高められる。すなわち,観光資源の価値を景観[2]として活かせるように観光施設(宿泊施設)を立地できれば,集客につながることになる(図表6-2)。

　さて,旅行商品の生産に際しては,生産過程の場所と時間に観光者の参加が不可欠であった。それゆえ,観光者を旅行商品が生産される場所と時間に誘導できれば,需給の整合性が図れる。これは観光産業の経営にとって望ましいといえる。有効な戦略として,旅行商品の価格や内容を観光者の動機づけに活用することが挙げられる。それらに関する情報をさまざまな媒体を活用して観光者に提供すれば,プル要因としてその商品に対する観光欲求・動機を促進する可能性があるからである。ただし,旅行後に観光者満足を低下させないため,観光産業には徹底した旅行商品の情報に関する品質管理が求められる。

　例えば航空機の座席数やホテルの客室数といった物的施設の供給量は短・中期的にみると非弾力的な性質をもっている。ひとたび決定した座席数や客室数の増減には座席の取り外し作業や機材変更,増改築工事を要する。このため交通業や宿泊業における物的施設の供給量は短・中期的に固定化される傾向にあ

---

[2] 景観とは,ある場所に特徴的で,視覚的にまとまって取り出せるものの集合体である。

る。つまり，観光産業（特に交通業と宿泊業）の旅行商品はピークやオフ・ピークといった需要量の変化に対して供給量を調整しづらいことになる。ピーク時（オフ・ピーク時）の需要量に施設の供給量を整合させると，オフ・ピーク時（ピーク時）に過剰供給（過少供給）となってしまうからである。

図表6−2　立地条件の分類

	大立地(観光地の立地)条件	小立地(観光施設の立地)条件
交通条件	◇　市場（大都市）からの時間距離，運賃 ◇　交通機関の利便性，道路渋滞の発生度合など ◇　観光周遊ルート上の位置	◇　観光地の最寄り駅やインターチェンジからの道路距離，交通ターミナルや駐車場からの距離 ◇　その観光地の主要な観光資源との位置関係
環境・資源条件	◇　地域の自然環境（気候，標高，地形，湿度など） ◇　地域の観光資源の集積度と特性（自然観光資源や人文観光資源） ◇　地域の生活文化，特産品	◇　敷地の広さや地形，植生，景観や眺望 ◇　周辺の自然環境や町並み環境 ◇　温泉資源の有無

（出所）　大野正人「観光産業の構成と特徴」羽田耕治監修『地域振興と観光ビジネス』JTB能力開発，2008年，122頁を一部修正。

だが，需要の変化には，顧客の属性，季節や曜日による規則的な波動性がある。ゆえに，航空会社やホテル会社では，情報通信技術（ICT）を活用しながら，先行需要（事前販売）における旅行商品ごとの購買時期の差に合わせた価格設定をしている。すなわち，利用時期よりも数カ月前に予約した顧客（観光者が多い）には安く，利用直前に予約した顧客（ビジネスパーソンが多い）には高くといった価格戦略を採用している。空席や空室をできるだけ減らすことで収入の最大化がもたらされるからである。これはレベニュー・マネジメントと呼ばれ，需要が少ない時には低価格を，逆に，需要が多い時には高価格を設定しながら最終的に需給を均衡させ，収入の最大化を可能な限り達成していく手法である[3]。ただし，レベニュー・マネジメントの適用には，自社が追求する文化資本と顧客の文化資本との整合性に関する検討が不可欠である。

すなわち，レベニュー・マネジメントは，情報システムを通じて，適正な座席や客室を適正な顧客へ，適正な時期に適正な価格で販売することである[4]。レベニュー・マネジメントでは，当該市場における需要の価格弾力性に依拠した市場の差別化が前提となっている。そうした市場には価格支配力をもった企業が存在し，同じ生産費用の商品に物的な根拠や非物的な根拠という条件をつけて商品を差異化する。企業はそれを消費者の支払い意欲（willingness to pay）に応じて，販売時期ごとに異なる価格で販売している。

これは1つの企業が複数の財・サービスを生産することを条件に，販売時期の相違を反映した需要の価格弾力性の差異に着目しながら一定の収入を確保する時期別差別価格ともいえる。なお，レベニュー・マネジメントが航空業や宿泊業で普及してきた背景として，商品の事前販売が制度化されていたこと，およびB to C間における瞬時で低廉な情報交換，すなわち電子商取引がICTの発達によって可能になったことが挙げられる。

そこで，旅行商品に対する需要の価格弾力性と所得弾力性が企業収入に与える影響を確認しておこう。まず，観光需要の価格弾力性（price elasticity of tourism demand）をみると，いま変化する前の価格をP_1，変化した後のそれをP_2，価格の変化する前の観光需要量をQ_1，価格の変化した後のそれをQ_2とすれば，観光需要の価格弾力性E_pは次のようになる。

$E_p=|〔(Q_2-Q_1)／Q_1〕／〔(P_2-P_1)／P_1〕|$

　$=|観光需要量の100分率変化／価格の100分率変化|$

ゆえに，旅行商品に対する需要の価格弾力性E_pは，1より大きいか，1より小さいか，1に等しいかの3つに分けられ，企業の収入に影響する（図表6

---

3) 一般に企業は，ある条件のもとで，総収入から総費用を差し引いた利潤（利益）（「利潤（利益）＝総収入－総費用」）が最大となるような生産量を選択する。だが，レベニュー・マネジメントでは，総収入の最大化がさしあたり意図されている。もちろん総費用の最小化にも配慮して，最終的には利潤（利益）が最大化するように調整している。

4) Ingold, A., U. McMahon-Beattie and I. Yeoman (eds.), *Yield Management*: *Strategies for the Service Industries* (2nd edn), London: Thomson, 2000, p.4.

－3)。次に，観光需要の所得弾力性（income elasticity of tourism demand）をみると，観光需要の価格弾力性の公式における価格Pを所得Iにおきかえたもので示される。観光需要の所得弾力性Eiも1より大きいか，1より小さいか，1に等しいかの3つに分けられ，企業の収入に影響する（図表6－4）。

図表6－3　観光需要の価格弾力性と観光収入

	$E_p > 1$	$E_p = 1$	$E_p < 1$
旅行商品の値上げ	総収入の減少	総収入は不変	総収入の増加
旅行商品の値下げ	総収入の増加	総収入は不変	総収入の減少

（出所）　Goeldner, C. R. and J. R. B Richie, *Tourism : Principles, Practices, Philosophies*（12th edn）, John Willey & Sons, Inc., 2012, p.318.

図表6－4　観光需要の所得弾力性と観光収入

	$E_i > 1$	$E_i = 1$	$E_i < 1$
観光者所得の減少	総収入の減少	総収入は不変	総収入の増加
観光者所得の増加	総収入の増加	総収入は不変	総収入の減少

（出所）　図表6－3に同じ。

第2節　交　通　業

　観光地がプル要因として人々を魅了すれば，観光対象となる。すると，観光者はその場所まで移動していく。観光地は人々の日常生活圏から離れた場所に固定されているからである。この移動を担うものに交通業がある。観光に移動は不可欠であるゆえに，交通業は旅行商品の重要な構成要素になる。そこで，例えば運搬具のアメニティ度を高めることは，観光地内における交通（2次交通）だけでなく，居住地から観光地への往復交通（1次交通）にとっても重要な機能となる。ただし，場所によっては，交通業が観光交通[5]と生活交通とを明確に分離できない場合もある。その場合，交通業には観光と生活の2重領域

---

5)　観光者だけの利用，あるいは観光者が主に利用する交通機関を観光交通と呼ぶ。

を融合した戦略が求められる。

　観光とは，観光者が主に旅行商品をシステムとして利用することで成り立っていた。旅行商品としての交通サービス商品をみると，交通手段（通路，運搬具，動力，結節機能点，エネルギー，情報）と労働力という生産要素を事前に準備して，そこに交通対象（人や物）が組み込まれることで生産が開始される点に特徴があった[6]。すなわち，交通サービスの生産者（主体）が交通手段と労働力とをもって人や物という交通対象（客体）に直接に働きかける労働行為を通じて企図した通りに交通対象の場所的移動を行ない，交通対象の価値を実現していくことが交通サービス商品の生産・消費の構造である。なお，交通サービス商品は客体として取り出せないことから，即時財と呼ばれる。

　さて，観光交通でも観光者を交通サービス商品の生産過程に組み込むことで，交通サービス商品の消費過程，すなわち企図した場所的移動を完了している。したがって，観光者は交通サービス商品の生産過程に不可欠な構成要素である。そこで観光交通では，交通サービス商品の生産過程に必須の観光者を確保するために，適切な運賃設定に加えて，優れた景観を有する経路を選択することや快適な室内空間をもつ交通機関を提供することが戦略として重要となる。

　特に，外国旅行の場合，1次交通として旅客機やクルーズ船を利用した，長時間の移動を観光者は強いられる傾向にある。ゆえに，そうした交通サービス商品の生産・消費過程を利用者の目線から，すなわち観光資源を活用した演出という視点から発想することが大切になる。また，観光地における2次交通，例えば国内線（旅客機），鉄道，フェリー，バス（路線・貸切り），タクシー，レンタカーやレンタサイクルも，移動距離や場所によっては相互に競合するため，1次交通と同様に観光者に選択される工夫が必要である。

　観光者の交通機関選択基準をみると，交通機関の利便性，低廉性，快適性，安全性，迅速性，頻度性，信頼性，さらに交通機関がもっている象徴性（蒸気機関車が生み出す郷愁やオリエント急行やクルーズ船がもつ豪華さ），独特な経験が

6）　藤井秀登『現代交通論の系譜と構造』税務経理協会，2012年，37−45頁。

できる独創性や希少性(優れた景観や珍しい交通機関),およびホスピタリティ性(高質の交通サブ・サービス商品)といった基準が挙げられる。

つまり,交通業の身体化された文化資本(運転・操縦・操舵技術や客室乗務員のホスピタリティなど),客体化された文化資本(交通手段それ自体の性能とその内装や外装など),制度化された文化資本(運転・操縦・操舵の技量を証明する国家資格や社内資格など)が観光者によって観光対象として選択される際の基準になっているともいえる。これらに観光者の文化資本,自由時間,可処分所得,観光欲求・動機などといった条件を組み合わせて,観光者は交通機関を決定していくのである。

観光産業としての交通業は,第1に道路旅客輸送(バス・タクシー),鉄道旅客輸送,水上旅客輸送(クルーズ船・フェリー),航空旅客輸送といった個別交通機関の視点から,第2に準備,移動,滞在といった観光行動に対応する観光システムの構成要素としての視点からそれぞれ認識できる。交通業は個別企業としてビジネス・モデルが完結すると同時に,観光システムの構成要素にもなっているからである。

貸切り列車や貸切りバス,チャーター便,クルーズ船は交通業の中でも観光に特化した輸送形態といえる。一方,都市内・都市近郊・都市間鉄道や路線バス,定期航空便,フェリーは観光と生活の両者に対応した輸送形態となっている。交通業における観光需要の多少は,交通業の結節機能点や経路がどの程度まで観光地と整合性をもっているのかに規定されている。なお,観光交通に特化した交通業ほど,観光地の自然条件(例えば気温や天候)の変動や社会条件(例えば統治機構や治安)の変化が原因となって乗客数が増減しやすい。

交通サービスの生産・供給過程を経路の立地依存性,すなわち即地性からみると,大きくは陸路(道路と線路),空路,水路に分けられる(図表6-5)。道路と水路を利用する交通機関には,観光者の労働力と観光者が第3者から借りた交通手段の一部(運搬具・動力・エネルギー)とで自身や同乗者に直接に働きかけて交通サービスを生産する,レンタカーやレンタサイクル,プレジャーボートのような輸送形態がある。

第6章　観光産業の領域と種類

図表6-5　観光交通機関別の通路と生産・供給形態

生産・供給形態 ＼ 通路	道　路	線　路	空　路	水　路
自給自足	レンタカー，レンタサイクル	－	自家用航空機	プレジャーボート
商品	バス，タクシー	鉄　道	事業用航空機	クルーズ船，フェリー

（出所）　原田昌彦「交通運輸ビジネス」羽田耕治監修『地域振興と観光ビジネス』JTB能力開発，2008年，213頁を一部修正。

　それらは交通サービス商品とは異なり，交通手段の機能だけを商品化したものである。観光者が利用時間に応じた対価を支払えば，観光地における自由な移動の機会を提供する。すなわち，個人的に関心のある観光資源へ自由に立ち寄れるメリットを観光者は享受できる。ただし，レンタカーとプレジャーボートの運転や操舵には原則としてその技量を証明する免許書が必要である。また，それらの交通手段を使用する際には，現地の交通規則に従うことも重要である。
　一方，交通業が交通手段と労働力とを事前に準備し，そこに観光者を組み込んで交通サービスを商品生産する輸送形態もある。道路では，バス（路線・貸切）やタクシーが該当する。この場合，それが運行している時間や場所，運賃に観光者は制約を受ける。例えば，タクシーは路線バスと比べて経路の自由度が高く観光資源へのアクセスは容易だが，需要者が限定される分だけ運賃は高額である。逆に，路線バスは経路の自由度が低いが，多くの交通需要が発生する経路や社会的必要性のある経路に路線を設置している。それゆえ，路線バスはタクシーよりも低運賃である。
　線路を利用する交通機関は鉄道だけである。鉄道は運行する場所や距離によっていくつかの名称に分けられる。第1に地下鉄やモノレール，新交通システム（LRT）や路面電車といった短距離を低速で往来する都市鉄道，第2に在来線が中距離路線を高速で往復する都市近郊鉄道，第3にTGV，ユーロスターや新幹線のような特急が超高速で行き交う都市間高速鉄道，第4にケーブ

ルカー，登山電車，ロープウェイといった短距離を低速で移動する地方の観光鉄道，第5にオリエント急行のように豪華な内装を施した列車が中・高速で長距離を移動する観光鉄道，第6に復元された蒸気機関車や廃線を再利用したトロッコ列車を活用して，短・中距離を低速で運行する観光鉄道が挙げられる。

　鉄道は経路が固定されているため，レンタカーやタクシーよりも観光者の地理的・時間的な移動の自由度は劣る。だが，異種交通機関との乗換接続を向上すること，交通手段に観光の価値を付加すること，観光施設を経営すること，宿泊業を経営すること，旅行業を併設することなどを通じて観光者の利便性を高めている。経営面からみると，これらは開発利益の内部化，生産要素の拡大による規模の経済や多角経営による範囲の経済の追求といえる。

　観光資源の視点から鉄道をみると，第5や第6に挙げた観光鉄道は交通機関それ自体が観光資源としての価値をもち，観光者の本源的需要（primary demand）になっている。その分，内装や外装といった交通機関の象徴性，真正性や快適性に工夫が凝らされている。第4の地方鉄道は車窓に現れる観光資源を観光者が景観として楽しむために適した鉄道である。したがって，鉄道は景観を楽しむための補助的施設あるいは観光対象化傾向の施設となっている。第1から第3の鉄道は，観光地へ移動するための派生的需要（derived demand）になっている。観光者にとっては観光地が本源的需要だからである。

　空路を利用する交通機関は航空機だけである[7]。ここでは航空機を利用して交通サービス商品を生産する定期便に注目してみたい。そこでは，目的地の観光依存度に応じて利用者に違いが生じている。例えば，東京・ホノルル間のようなリゾート地を運航する路線では観光者が主な搭乗者といえる。一方，東京・ロンドン間や東京・ニューヨーク間などの欧米の主要都市を結ぶ路線では，観光者に加えてビジネスパーソンの割合が増えてくる。

　どちらの場合でも，航空機が利用者の本源的需要を充足するための派生的需

---

7) 航空機には，プロペラ機やジェット機，あるいはヘリコプター，飛行船などが含まれる。

要として利用されている。したがって，観光者とビジネスパーソン両者の必要・欲求を充足するための戦略を航空会社は展開している。具体的には，ネットワーク・キャリアによる，アライアンスを活用した乗継の利便性向上，マイレッジの加算などのような特典付与，さらに機内サービスやアメニティの充実による，機内の観光資源化ないし本源的需要の創出が挙げられる。

　最後に，水路を利用する交通機関として，交通サービスを商品として生産するクルーズ船やフェリーをみておこう。クルーズ船の寄港地は観光地になっているゆえに，クルーズ船への需要は観光地に対する派生的需要と位置づけられる。これは航空機と同じであるが，次の点が異なっている。すなわち，クルーズ船が観光者の本源的需要にもなっている点である[8]。航空機と違い，広い空間を船内に確保できること，移動に時間がかかることから，クルーズ船の船内は高級ホテルに匹敵する豪華さに仕上げられている。移動に滞在の発想を組み込んだのである。一方，フェリーは島嶼に暮らす人々の生活交通を主に担っている。それゆえ，観光者がフェリーを利用するのは，寄港地が観光地になっている場合である。フェリーは観光者にとって派生的需要に位置づけられる。

第3節　宿　泊　業

　宿泊業は交通業と同じく観光システムに不可欠といえる。だが，そこに安住するのではなく，観光行動のプル要因を目指すべきである。そのためには，例えば，高水準のサービスやホスピタリティ（身体化された文化資本）の提供，宿泊施設としての文化財（客体化された文化資本）の活用，景観を生かした立地（客体化された文化資本）の選択などが挙げられる。すると，宿泊業は観光の派生的需要から本源的需要，すなわち観光対象に転換できるであろう。

8）　世界の主なクルーズ会社には，キュナード・ライン，カーニバル・クルーズ・ライン，セレブリティ・クルーズ，ロイヤル・カリビアン・インターナショナル，ディズニー・クルーズ・ライン，ホランド・アメリカ・ライン，P&Oクルーズ，プリンセス・クルーズなどがある。

そうした宿泊業，特にホテルの戦略は，営業形態，立地条件，利用目的，価格帯，機能から規定される[9]。第1に営業形態をみれば，トランジェント（短期滞在向き），セミレジデンシャル（中期滞在向き），レジデンシャル（長期滞在向き）に分けられる。第2に立地条件では，アーバン（都市中心部），シティ／ダウンタウン（都市中心圏），サバーバン（郊外），ロードサイド，ターミナル／エアポート／ステーション，リゾートに区分できる。第3に利用目的からは，コンベンション（会議）やビジネス，観光やレクリエーションに分類できる。第4に価格帯からは，ラグジャリー（最高級），アップスケール（高級），ミッドプライス（中間），エコノミー（省サービス），バジェット（低価格）に分けられる。第5に機能からは，宿泊中心の単機能ビジネスホテル，宿泊・飲食・宴集会の機能，スポーツ施設やスパなどの付帯設備を総合してもつ多機能型ホテル，さらに多機能型ホテルに情報・文化機能を付加した複合機能型ホテルといった区分ができる[10]。

次に，わが国における伝統的な宿泊業である旅館と比較しながら，ホテルの特徴を確認していこう[11]。現在，わが国で宿泊業を営む場合，公衆衛生上の取締りを目的として1948年7月に施行された，旅館業法に基づく都道府県知事の営業許可が必要となる[12]。旅館業法では，ホテル，旅館，簡易宿所，下宿の営業が宿泊業とされている。そこで，それぞれの要件を以下に示しておく。

---

9) 鈴木博・大庭祺一郎『基本ホテル経営教本』柴田書店，1999年，45-51頁。作古貞義『新版　ホテル事業論－事業化計画・固定投資戦略論－』柴田書店，2002年，38-39頁。

10) 顧客の必要・欲求が多様化した結果，単機能型ビジネスホテルが低料金とは限らず，逆に，多機能型ホテルが高料金と必ずしもなっていない場合もある。さらに，都市に立地するホテルの機能がリゾート化しつつあること，リゾートにあるホテルの機能が多機能化していることが指摘できる。このため，機能に基づく分類は複数の要因を勘案すると，単純には分類できない。

11) 日本のホテル黎明期については，村岡實『日本のホテル小史』中央公論社，1981年を参照されたい。

12) 宿泊業の営業は厚生労働省の管轄である。この他，食品衛生法に基づく保健所の管轄・指導，消防法に基づく消防署の管轄・指導，風俗営業法に基づく警察署の管轄・指導，さらには公衆浴場法や温泉法などの規制を受けている。

第6章　観光産業の領域と種類

　旅館業法施行令では，①洋式の構造および設備を主とする10室以上で，1室の床面積9㎡以上の施設がホテル，②和式の構造および設備を主とする5室以上で1室（和室）の床面積7㎡以上の施設が旅館，③客室の延床面積が33㎡以上で1部屋を多数の宿泊客で共有，または階層式寝台を使用した施設が簡易宿所，④1カ月以上の期間を単位に宿泊料を徴収して営業する施設が下宿と定義されている。つまり，法律上，日本の宿泊業は旅館業と総称され，ホテルと旅館は，寝具，浴室，便所などが洋式か和式かで区別されていた（図表6-6）。

図表6-6　ホテルと旅館の特徴

	ホテル	旅館
立　地	主に都市	主に観光地
施設形態	洋室（ベッド・ルーム）と洋食レストランをもつ洋風建築の施設。パブリック空間は外来客も利用。浴室は原則として客室内。	和室と和食の提供がなされる和風建築の施設。パブリック空間は靴を脱ぐ所が多い。館内は浴衣で滞在可能。大浴場あり。
従業員	洋装のフロント，ウェーター，ウェイトレスなど。	和装の仲居（客室係）など。
食　事	洋食が中心。レストランや洋式宴会場で主に提供。	和食が中心。客室や料亭などの座敷，和式宴会場で主に提供。
販売形態	主に室料制	主に1泊2食料金
経営形態	大規模施設を企業経営するホテル・チェーンが多い。	小規模施設を家業経営する事例が多い。

（出所）　大野正人「宿泊産業ビジネス」羽田耕治監修『地域振興と観光ビジネス』JTB能力開発，2008年，174頁を一部修正。

　しかし，訪日外国人旅行者を含む宿泊需要の増大や宿泊者の多様化した欲求，加えて旅館のホテル化に対応するため，2018年6月に改正旅館業法が施行された。この結果，従来の旅館営業とホテル営業の営業種別が，旅館・ホテル営業へと1つに統合されている。改正旅館業法施行令では，ホテル10室以上，旅館5室以上という最低客室数の要件撤廃，洋式9㎡以上，和式7㎡以上という客室の最低床面積の要件撤廃（原則7㎡以上へ），客室の境や寝具の種類といった構造・設備要件も撤廃された。その他，浴室や便所などについても要件が変更

されている。さらに，簡易宿所の延床面積が33㎡以上という要件も延床面積3.3㎡以上へと改正されている。

改正旅館業法の許可が取得できない建物の場合には，改正旅館業法と同日に施行された住宅宿泊事業法の要件を満たすことが求められる。住宅宿泊事業法は，家主居住型と家主不在型に民泊事業を区別し，住宅宿泊事業者，住宅宿泊管理業者，住宅宿泊仲介業者に対する規制，安全面・衛生面の管理，手続きの方法など，民泊の合法化と適正な運営を目的に，住宅を活用する民泊の実情を国が把握できるように制度化したものである。同法では，営業日数が年間180日以内の民泊を住宅宿泊事業と定義している。

改正旅館業法とは別に，訪日外国人旅行者に手厚い対応をするホテルや旅館を育成するため，すなわち訪日外国人旅行者誘致に向けた宿泊施設の水準向上を目的に，1949年12月に国際観光ホテル整備法が施行されていた。同法は訪日外国人旅行者の宿泊に適切な設備基準を設けたもので，この基準に合致する施設を登録ホテル・登録旅館と呼ぶ。

国際観光ホテル整備法施行規則では，①基準客室が15室以上かつ全客室の2分の1以上で，洋式客室はシングルルームで9㎡以上（バス・トイレを含む）ある施設が登録ホテル，一方，②基準客室が10室以上かつ全客室の3分の1以上で，1人使用1室が7㎡以上ある施設が登録旅館と定義されている。なお，一定規模以上のホテルと旅館は，2006年12月に施行された高齢者，障害者等の移動等の円滑化の促進に関する法律（通称：バリアフリー新法）によって，ユニバーサルデザインに配慮した特定建築物に指定されている。

ホテルに焦点を絞れば，その経営は客室収容人数，すなわち部屋数による制約を受ける。たとえ旺盛な宿泊需要が存在するとしても，当該ホテルの収容人数を超えていれば，超過需要を利益に転換できない。そのような状況下で収入を増やしていくためには，既存施設の規模拡大が戦略として考えられる。だが，当該ホテルが立地している都市や観光地における宿泊需要には量的な上限がある。そこで，異なる場所における同一ホテルのチェーン展開が規模の経済を追求して採用されている。

確かに規模の経済は既存施設の大型化からも生じるが，同一地域での大型化は客室数の供給過剰を招きやすい。またオペレーションのうえでも効率性や顧客満足度に課題が残る。一方，チェーン化はそうした課題を回避できる。その際，宿泊サービス商品の他に，飲食や宴集会などといった複数の機能を提供する施設やサービス，さらに各種相談や手配業務もホテルにはあることを看過できない。例えば，前者にはレストランやカフェ，会議室，スパなどが，後者には観劇の予約といった宿泊客の要望をインターネットや電話などを用いて代行するコンシェルジェが挙げられる。

そうした商品としての宿泊施設や付帯施設，サブ・サービスは，労働対象である利用者が存在しないところでは中間財を生産しているだけであり，施設の稼働費や人件費が回収できない。なぜなら，その中間財は保管ができない，即時財だからである。即時財の生産過程と消費過程は同時に起こるゆえに，まずは平均客室稼働率をできるだけ高めることがホテル運営において肝要である。

ホテル・チェーンには，所有直営方式，マネジメント・コントラクト（運営受託・管理運営受託）方式，フランチャイズ方式，リース方式，業務提携方式がある。所有直営方式の代表例はスタットラー（E. M. Statler）のホテル・チェーンである。スタットラーは1908年に，アメリカのバッファローで「1ドル半でバス付きの部屋を」というキャッチフレーズのスタットラー・ホテル（Buffalo Statler Hotel）を開業した。テーラー（F. W. Taylor）の科学的管理法とフォード（H. Ford）の大量生産・低価格販売を参考にして，同ホテルはクリーブランド，デトロイト，セントルイスなどで建設・運営され，アメリカにおけるホテル経営のビジネス・モデルとなった[13]。なお，スタットラー・ホテルは1954年にヒルトン（C. N. Hilton）によって買収され，ヒルトン・ホテル・チェーンへ移行している[14]。この他，ヘンダーソン（E. Henderson）が買収によってシェラト

---

13) 岡本伸之『現代ホテル経営の基礎理論』柴田書店，1979年，20-24頁。
14) 1949年12月にヒルトンはプエルトリコのサンファンでカリブ・ヒルトンを開業し，成功を収めた。これを契機として，ヒルトンはホテル事業を国際的なビジネスとして確立した。

ン・ホテル・チェーンを展開したことも挙げられる。

　所有直営方式は用地の取得や施設の建設に巨額の資金を要する。そのため，ホテルのチェーン化に際して，所有・経営・運営を分離する方式，すなわちヒルトンが開発したマネジメント・コントラクト（運営受託・管理運営受託）方式が採用されてもいる。そこでは土地・建物を所有・経営するホテル経営会社（オーナー）から，あるいは第3者が所有する土地・建物を賃借しているホテル経営会社（オーナー）から，ホテル運営会社（オペレーター）が運営だけを受託している，すなわちホテル経営会社に帰属する従業員の人事権や自社に委ねられた運営権を行使して運営のみが行なわれている[15]。それゆえ，マネジメント・コントラクト方式はチェーン化のスピード・アップを実現した。

　フランチャイズ方式では，ホテル経営本部（フランチャイザー）から一定地域における特定商標（ロゴ字体・色彩）の使用を含む営業権を与えられた企業（フランチャイジー）が自らの責任で運営にあたっている[16]。フランチャイズ方式で成功したのはウィルソン（K. Wilson）が展開したホリデイ・イン・チェーンである。リース方式では，チェーンを主宰するホテル会社が第3者の土地・建物を契約によって賃借し，建物の内装，家具，備品への投資をしたうえで経営主体となり，運営していく。業務提携方式では，独立ホテルが広告宣伝や宿泊客の送客などの限定された分野でホテル・チェーンと提携している[17]。

　そうしたチェーン化によって，ホテルは備品などの共同購買による仕入れコストの削減，共同予約システムの開発，従業員教育の集中化，管理部門の相対的縮小による経費節減，ブランドロイヤリティの向上といったスケール・メリットを享受できる[18]。それゆえ，ホテル・チェーンはインターコンチネンタ

---

[15]　総支配人や総料理長などの基幹要員はホテル運営会社から派遣される。現地での従業員もホテル運営会社が採用する。

[16]　総支配人を含めて，従業員の採用は経営主体（フランチャイジー）の責任である

[17]　岡本伸之「チェーン経営の現状」原勉・岡本伸之・稲垣勉『ホテル産業界』教育社，1991年，207-218頁。鈴木・大庭，前掲『基本ホテル経営教本』51-55頁。越塚宗孝・大久保あかね「観光と宿泊」前田勇編『改訂新版　現代観光総論』学文社，2010年，171-172頁。

[18]　稲垣勉『観光産業の知識』日本経済新聞社，1981年，110頁。

ルホテルズ・グループ，マリオット・インターナショナル，ヒルトン・インターナショナル，スターウッド・ホテル＆リゾート・ワールドワイド，アコーホテルズ，ハイアットホテルズ＆リゾーツなど世界各都市で展開されている。

　さらにホテル・チェーンは，顧客の必要・欲求に合わせた複数のブランドを複数の価格帯と連動させて設定し，広範な客層からの集客を図っている。景気変動による収入の増減を回避するためである。ブランドには品質保証機能と象徴機能があり，集客につながる。品質保証機能はホテル内の財や宿泊サービスの有用性や使用価値を事前に確約するものである。一方，象徴機能は当該ホテル商品のロゴ字体や色彩，調度品，内装や従業員ユニフォームのデザイン，従業員の所作などを通じてその商品の有用性や使用価値を信頼づけるものである。

　ホテル・チェーンのブランドは，商品としての宿泊サービスとは異なる価値の生産，すなわち当該ホテルで生産される宿泊サービスを超えた象徴的なライフスタイルの生産にある。宿泊客はこのライフスタイルを消費することで他者との差異化を実現している。象徴的なライフスタイルのあり方は，ホテルの文化資本の蓄積度によって規定される。それゆえ，ホテル・チェーンの展開に際しては，標的とする顧客層と整合性をもつ従業員，建物の内装と外装，予約システムや料金体系，すなわち身体化・客体化・制度化された文化資本に留意しなくてはならない。特に国際的な事業展開においては，ホテルが立地する都市や国の文化を受容したうえで，ホテル・チェーン独自の文化資本を再構築すること，イメージ豊かなホテル空間をつくりだしていくことが肝要である[19]。

第4節　旅　行　業

　1825年9月にイギリスで世界初の蒸気機関鉄道が実用化に成功し，1830年9月にはマンチェスター・リヴァプール間で旅客の営業運転を開始した。1841年7月になると，貸切り団体列車を利用したレスター・ラフバラ間の日帰り旅行

---

19)　これと同じことが旅館についてもいえる。山本哲士『文化資本論－超企業・超制度革命にむけて－』新曜社，1999年，16－19頁，61－64頁。

の参加者をトマス・クックが広告で募集し成功させた。その後も日帰り団体旅行は継続して実施されたが，参加者は減らなかった。そこで，1845年夏には定期的に旅行商品を販売する旅行業をクックは設立するのであった。

翻って，わが国をみると，1872年10月に官設官営鉄道が新橋・横浜間で営業運転を開始した。その後，私設鉄道も創設され，鉄道ネットワークが日本全体に拡大していくのであった。鉄道国有化の前年（1905年11月）になると，鉄道を利用した団体旅行（高野山参詣団と伊勢神宮参詣団）が，現在の日本旅行の創業者である南新助によって実施された[20]。イギリスと同様に，わが国でも近代的な旅行業の誕生が鉄道の創業と連動していたのである。鉄道が交通費の低廉化と移動時間の短縮に寄与し，旅行の基礎的条件を改善したからである。さらに，結節機能点における宿泊施設の普及にも鉄道は貢献していた。

近代的な旅行業の特徴として，利用者のために交通や宿泊のサービス商品を提供すること，また交通業や宿泊業といったサプライヤーの代理として，顧客とサービスを受けることについての契約を締結・媒介・取次をする行為を担うことが挙げられる。さらに旅行の斡旋や手配を中心としながらも，募集型企画旅行商品に代表されるように旅行商品を造成・販売する機能も看過できない。つまり，旅行商品の造成・流通・販売において旅行業は中心的な役割を果たしている。旅行業は交通業や宿泊業といった旅行商品の供給側と旅行者すなわち需要側との中間に位置し，両者を媒介する機能，およびそうした媒介機能に新たな価値を付加して旅行商品化する機能を担っている（図表6－7）。

わが国では，戦後の混乱期から復興期へと移行すると，交通業や宿泊業も本来の機能を発揮できるようになり，旅行斡旋業者を介した国内団体旅行が増加してきた[21]。だが，旅行斡旋の量的拡大につれて，消費者と旅行斡旋業者との

---

20) 日本旅行百年史編纂室『日本旅行百年史』株式会社日本旅行，2006年，34頁。1912年3月になると，訪日外国人旅行者の誘致・斡旋機関としてジャパン・ツーリスト・ビューローが鉄道院を中心に設立された（財団法人日本交通公社社史編纂室『日本交通公社七十年史』株式会社日本交通公社，1982年，8－21頁）。今日のJTBの前身である。

21) 当時の旅行業は，利用者の依頼に基づく団体旅行の手配，すなわち旅行の斡旋を

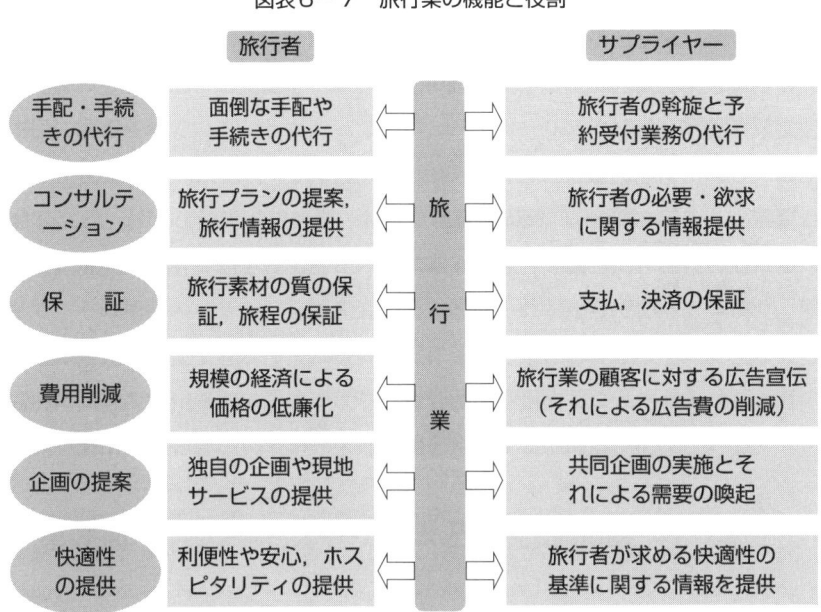

図表6-7 旅行業の機能と役割

旅行者		旅行業	サプライヤー
手配・手続きの代行	面倒な手配や手続きの代行 ⇔		⇔ 旅行者の斡旋と予約受付業務の代行
コンサルテーション	旅行プランの提案，旅行情報の提供 ⇔		⇔ 旅行者の必要・欲求に関する情報提供
保証	旅行素材の質の保証，旅程の保証 ⇔		⇔ 支払，決済の保証
費用削減	規模の経済による価格の低廉化 ⇔		⇔ 旅行業の顧客に対する広告宣伝（それによる広告費の削減）
企画の提案	独自の企画や現地サービスの提供 ⇔		⇔ 共同企画の実施とそれによる需要の喚起
快適性の提供	利便性や安心，ホスピタリティの提供 ⇔		⇔ 旅行者が求める快適性の基準に関する情報を提供

（出所）　森下晶美「旅行会社の事業」松園俊志・森下晶美編『旅行業概論―新しい旅行業マネジメント―』同友館，2012年，49頁を一部修正。

間のトラブルも件数を増してきたことから，1952年7月になると，健全な国内・国際観光事業の発展に資することを目的として，つまり不適格な旅行業者を取り締まるために旅行斡旋業法が制定された。旅行斡旋業法は旅行業を営むための資格条件を定め，この条件を満たした業者だけを登録する制度であった。

　1971年11月になると，旅行斡旋業法が旅行業法として改正・施行された。その背景には，1964年4月の改正旅行斡旋業法で認められた日本人の海外旅行自由化を契機とする消費者の保護が指摘できる[22]。旅行業法では，旅行業務取扱主任者制度，旅行業約款の認可制度，苦情処理が法定業務となり，さらに従業

中心的な業務としていたことから旅行斡旋業者と呼ばれていた。
22）　海外旅行は1人につき年1回で，持ち出し金額も1人500ドル以内に制限されていた。

図表6－8　旅行業の登録種別と業務範囲

区　分	業務範囲	募集型企画旅行			受注型企画旅行
		海外旅行	国内旅行	隣接市町村	手配旅行
第1種旅行業		○	○	○	○
第2種旅行業		×	○	○	○
第3種旅行業		×	×	○	○
地域限定旅行業		×	×	○	△
旅行業者代理業		所属旅行業者が委託した業務			

（注1）　隣接市町村とは，出発地・目的地・宿泊地・帰着地が営業所のある市町村と隣接する市町村内にあるもの。
（注2）　○は実施・取り扱いができる。×はそれができない。△は原則として営業所のある市町村とそれに隣接する市町村の区域内の日程のものに限り実施・取り扱いができる。
（注3）　上記の他，観光圏の整備による観光旅客の来訪及び滞在の促進に関する法律に基づく旅行業の特例措置として，「観光圏内限定旅行業者代理業者」制度もある。
（出所）　国土交通省・観光庁「旅行業等の登録区分」(http://www.mlit.go.jp/kankocho/shisaku/sangyou/ryokogyoho.html) を一部修正。

員研修，弁済業務保証金制度なども設けられた。なお，旅行業法は実態との整合性を図るため，1982年，1995年，2004年，2013年，2018年に改正されている[23]。

2018年4月の旅行業法施行規則によれば，わが国の旅行業は第1種旅行業，第2種旅行業，第3種旅行業，地域限定旅行業，および旅行業者代理業と定められている（図表6－8）。第1種旅行業は海外と国内の募集型・受注型企画旅行を自社で企画・実施でき，また海外と国内の手配旅行も取り扱える。第2種旅行業は国内の募集型・受注型企画旅行を自社で企画・実施できるが，海外の募集型企画旅行はできない。海外と国内の手配旅行は認められている。第3種旅行業は受注型企画旅行の取り扱い，および営業所のある市町村とそれに隣接

23）　1982年改正では主催旅行の規定や旅程の管理などが，1995年改正では新規の登録種別や年間取扱高別営業保証金（弁済業務保証金）制度の導入などが実施された。2004年改正では企画旅行の規定などが，2013年改正では地域限定旅行業の創設などが実施された。2018年改正では地域限定旅行業の規制緩和やランド・オペレーター業の登録制度などが実施された。

する市町村の範囲内に旅行の出発地・目的地・宿泊地・帰着地がある着地型に限定して募集型企画旅行を企画・実施できることが認められている。また海外と国内の手配旅行も取り扱える。地域限定旅行業は営業所のある市町村とそれに隣接する市町村の範囲内に旅行の出発地・目的地・宿泊地・帰着地がある着地型に限定して募集型・受注型企画旅行を企画・実施できることが認められている。さらに，第1種・第2種・第3種・地域限定旅行業は，受託契約を結んだ企画・実施旅行業者の募集型・受注型企画旅行商品を販売できる。

　旅行業者代理業者は，第1種・第2種・第3種のいずれかの旅行業者に所属したうえで，その旅行業者に代わって旅行業務を遂行する。それゆえ，旅行業者代理業者が顧客との間で取り結んだ契約は所属旅行業者の責任となる。なお，消費者保護の観点から，旅行業法では旅行業の登録，すなわち旅行業者代理業を除く各旅行業の登録に際して，基準資産を設定している。また，営業保証金を供託しないと旅行業に従事できないようにしている。この営業保証金は各旅行業者の前事業年度の取扱高に基づいて決められている。

　その他，旅行業者から依頼を受けて，宿泊，バスやタクシー，食事場所，ガイドなど，目的地における地上手配を取り扱うランド・オペレーターと呼ばれる業態もある。ランド・オペレーターは，着地型観光を展開するに際して重要な役割を果たしていく。旅行業にとって不可欠な着地側の手配を担当するからである。ランド・オペレーターは旅行サービス手配業への登録を必要とする。

　旅行業法は，旅行業を営む営業所や支店に少なくとも1名以上の旅行業務取扱管理者をおくことを定めている[24]。旅行業務取扱管理者は総合旅行業務取扱管理者と国内旅行業務取扱管理者に区別され，海外旅行や外国人旅行を取り扱う営業所や支店には前者の有資格者が，国内旅行だけを取り扱う店舗では後者の有資格者の配置が必要となっている。また，旅行業の社会的責任すなわち消

24）　従来の旅行業務取扱主任者は，2005年4月の旅行業法改正で旅行業務取扱管理者へと変更された。従業員数が10名以上の営業所や支店では，2名以上の旅行業務取扱管理者の配置が義務づけられている。なお，2018年1月の旅行業法改正で，地域限定旅行業を対象に地域限定旅行業務取扱管理者が新設された。また，地域限定旅行業に限って，複数営業所における管理者の兼務も認められた。

費者を保護するために，JATA（一般社団法人日本旅行業協会）およびANTA（一般社団法人全国旅行業協会）は弁済業務保証金制度に加えて，任意参加型のボンド保証制度を採用している。

さて，旅行商品の流通チャネルをみると，まずホールセラーはサプライヤーから旅行商品を構成する各種の商品を仕入れる。ゆえに，ホールセラーは募集型企画旅行（パッケージ・ツアー）商品を造成・実施する役割をもつ。ただし，ホールセラーの造成した商品は旅行者へ直接に販売されないのが一般的である[25]。このため流通チャネルにおいてホールセラーは川上に位置する。なお，各種の旅行素材を組み合わせて旅行商品を造成する側面を捉えて，ホールセラーは海外でツアー・オペレーターと呼ばれる[26]。

ホールセラーが造成した募集型企画旅行商品を旅行者へ直接に販売するのがリテーラーである。ゆえに，リテーラーは流通チャネルの川下に位置し，旅行者と密接な関係をもっている。リテーラーには，3つの機能がある。第1に一度ですべての旅行の手配が完了する，ワン・ストップ・ショッピングの機能，第2にホテルのコンシェルジェのように顧客へ最善の商品を提案するコンサルタントの機能，第3にビジネス・トラベル・マネジメント（BTM）のようにビジネス旅行の手配から精算までを代行する秘書の機能である[27]。

顧客が旅行業から購入するのは，例えば航空機で移動する権利，ホテルの客室に宿泊する権利といった単品商品，あるいはそれらを組み合わせた旅行商品である。このため単品商品や旅行商品の知識に精通した者ならば，価格の低廉性やシステムとしての利便性といったメリットがない限り，旅行業に手数料を払ってまでして旅行商品を購入しないかもしれない。近年では，交通業や宿泊業などといったサプライヤーが旅行業への販売手数料を節約するため，つまり流通コスト削減のため，顧客と直接に商品の取引を実施しつつあるからである。

25) ただし，大手旅行業者では，ホールセラー機能とリテーラー機能を兼ねていることがある。
26) 佐藤喜子光『観光を支える旅行ビジネス－次世代モデルを説く－』同友館，2002年，10-12頁。
27) 同上書，12-13頁。

こうした外的環境の変化を踏まえて，これからの旅行業には顧客に合わせた旅行商品のカスタマイゼーションと選択推薦機能の拡充が，電子商取引と対面販売の双方で不可欠となる。たとえ経費が増大するとしても，1人ひとりの旅行者にとっての専属旅行業と認識されるために，旅行業は例えばスカイプのような画面を通して自宅にいる顧客と相対できる機器の導入，あるいは顧客と直接に対面できる店舗の増設や訪問販売を通じて，1対1の関係性を強化すべきである[28]。ただし，旅行商品には特許がないゆえに，新企画を織り込んだ斬新な商品を顧客に提案しても同業他社に真似されやすい点に注意を要する。

そこで旅行業には，顧客の文化資本との整合性だけでなく，旅行素材を文化資本として捉えかえさせる高度なプロデューシング能力やコンサルタント能力が求められる[29]。つまり，従業員に対する身体化された文化資本のさらなる能力開発が不可欠である。これは変容する旅行市場への受動的な対応にとどまらず，新事業領域への進出に際しても能動的に対応できる従業員の育成にもつながる。旅行商品の造成には高度な専門的知識・技能や難関の資格，すなわち高度な身体化・制度化された文化資本が不要なため，比較的少額の初期投資でも起業できるため，さらに異業種からの参入障壁が低いために尚更である。

例えば，金融業（クレジットカードやトラベラーズチェック）や保険業（国内・海外旅行傷害保険），さらに交通業，新聞業やネット企業などの異業種からすでに旅行業へ参入がなされている。したがって，逆に顧客への付加価値を高める観点から，ICTをプラットフォームとして活用しながら顧客情報を管理し，この情報を基礎に旅行業はこれまで以上の異業種展開を実行していくべきである。その際，本業を核に範囲の経済を勘案していくことが求められる[30]。

---

28) 同前書，20-21頁，51頁。
29) 旅行商品の生産・消費過程を現場で担うツアー・コンダクター（添乗員）や現地ガイド，さらにはすべての観光事業従事者に同じ能力が求められる。
30) Poon, A., *Tourism, Technology and Competitive Strategies*, Wallingford : CAB International, 1993, pp. 224-228.

第7章　観光開発と事業主体

第1節　観光地の構造と公共性

　観光資源のあり方から観光地をみれば，第1に同質で単体の自然観光資源や人文観光資源が徒歩圏内にある地区，あるいは複数の自然観光資源と人文観光資源が徒歩圏内に集積している地区，第2に自然観光資源や人文観光資源が観光施設と機能的に強く関係し合っている地区といえる[1]。こうした観光地の認識を前提として，観光開発について検討していきたい。

　未開発[2]の観光資源に対して交通機関の整備をすれば，その観光資源を観光対象化できる場合がある。その希少性によって，他の観光資源との差別化が生じるためである。ただし，レクリエーション施設を観光対象化する場合，施設というハード面での差別化が観光資源よりも困難となる。たとえレクリエーション施設の造成に適した場所であったとしても，他のレクリエーション施設との競争があるからである。つまり，観光資源よりもレクリエーション施設のほうが競争にさらされやすい。そこで，同じ資源（例えば高原）が観光資源としても，あるいはレクリエーション施設としても開発できる場合には，その資源がもつ希少価値を探し出し，観光資源として開発すべきである。

　だが，観光資源としての希少価値が低い場合，市場から最短時間で移動できる場所であれば，交通機関の整備とともにレクリエーション施設の設置をしてもよい。移動時間が短い分だけ，利用客にとって遠方にある代替性のあるレク

---

[1]　溝尾良隆「観光資源と観光地の定義」溝尾良隆編『観光学の基礎』原書房，2009年，55頁。
[2]　開発とは，現状よりも望ましい目標を設定し，その達成に向けて計画的に尽力することである。すなわち，場所の固有価値を引き出すこと，住民がその便益を平等に享受できるようにすることである。

リエーション施設よりも当該レクリエーション施設を利用できる時間が長くなるためである。逆に，観光資源としての希少価値が高い場合，市場からの移動時間が長いとしても観光者を誘致できる。しかし，周遊型観光のように全行程に制約があると，観光者の滞在時間は短くなりやすい。したがって，地域経済への波及効果を考慮すれば，観光資源よりもレクリエーション施設を有する観光地のほうが優位となる。レクリエーション施設の利用客が1カ所に長く滞在し，当該地域で多くの消費をするからである。なお，観光地に複数の観光資源があれば，長時間の滞在を期待できるゆえに同じような効果を生じる[3]。

さらに，宿泊施設や宿泊地の有無も観光開発するに際して看過できない。温泉地が宿泊地となって観光地化している事例が多いからである。そこで，観光地（狭義）への移動経路に，レクリエーション施設と併設して高水準の宿泊施設を設ければ，そこが観光地（広義）へと発展する可能性もある。宿泊施設をレクリエーション施設に組み込むと，その場所における人々の滞在時間が延長され，消費額が増大し地域経済に寄与する可能性がある。つまり，観光開発する時に，観光地（狭義）の要素が強い地域ではレクリエーション施設や宿泊施設を，レクリエーション地の要素が強い地域では観光地（狭義）や宿泊施設を，宿泊地の要素が強い地域では観光地（狭義）やレクリエーション施設をそれぞれに組み込むならば，すなわち統合型の観光開発ならば，それが観光者の増大に結びついていく（図表7－1）。

観光地（広義，以下単に観光地と表記）は単に観光者が集う空間的な場所に限定されず，社会的・経済的・組織的な概念，つまり観光事業が機能する場所でもある[4]。有名な観光地には，観光事業によって形成されたブランド，シンボル，旅行商品が存在しているからである。

さて，観光地を訪れることで，観光者は自らの欲求を充足していく。その際，観光者の受ける便益を生み出すために発生した費用，すなわち利用料金を

---

[3]　溝尾良隆「ツーリズムと観光の定義」溝尾編，前掲『観光学の基礎』32－35頁。
[4]　観光地のこうした2重性を反映して，観光開発の計画段階では空間論的な計画と組織論的な計画が併用される。

観光者に負担してもらう必要がある[5]。観光資源の希少価値は保全されなければならないからである。そこで，各人における価値の複数性を前提としたうえで，共同消費手段としての観光資源における素材的側面の機能と役割について，自発的に他者と共通の価値観に収斂した概念である公共性の観点から，利用料金の負担のあり方を考えていきたい。ここで公共性は観光資源の素材的側面（質・量）における好ましい効果を意味している。ただし，観光資源の素材的側面は市場メカニズムとは直接の関係性をもたない。つまり，望ましい観光資源の素材的側面（公共性）の水準を別に設定しないと，利用料金は確定できない。

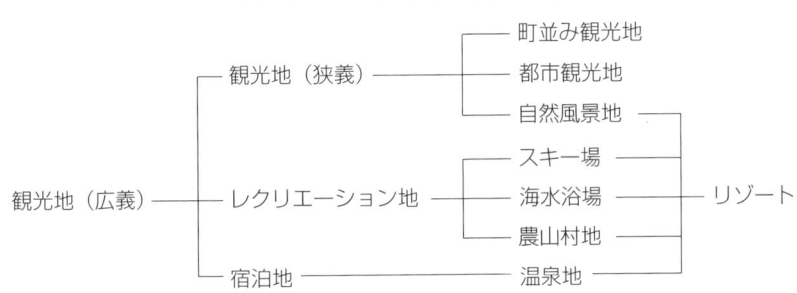

図表7－1　観光地の種類と分類

```
                          ┌─ 町並み観光地
              ┌─ 観光地（狭義）─┼─ 都市観光地
              │              └─ 自然風景地 ──┐
              │                              │
観光地（広義）─┼─ レクリエーション地 ─┬─ スキー場    ├─ リゾート
              │                      ├─ 海水浴場    │
              │                      └─ 農山村地    │
              └─ 宿泊地 ─────────── 温泉地 ─────┘
```

（出所）　溝尾良隆「観光資源と観光地の定義」溝尾良隆編『観光学の基礎』原書房，2009年，56頁。

それを踏まえて，第1に，限定された観光者が同一の便益を享受できる，準公共財（クラブ財）としての観光地をみてみよう。例えば，広範囲にわたって続く海岸の一部に設置された，特定の人々が主に利用する会員制ビーチやそこへ出入りするための有料道路が挙げられる。クラブ財に分類される観光地では，排除性・非競合性が成立する。この場合，観光資源（海岸）の素材的側面に関する現状維持の費用が確定すれば，そのクラブ財を販売している観光事業者は観光者から利用料金を徴収できる。

第2に，観光者を特定できないが，観光者の便益はそれほど大きくない，準

---

[5]　外部不経済を緩和するための利用料金設定については，栗山浩一・庄子康編『環境と観光の経済評価－国立公園の維持と管理－』勁草書房，2005年を参照されたい。

公共財（共有財）としての観光地を考えてみよう[6]。例えば，誰でも自由に入浴でき，かつ効能の優れた露天風呂（温泉）をもつ観光地が挙げられる。共有財に分類される観光地では，非排除性・競合性が成立する。そこでは観光資源の素材的側面（公共性）と観光事業の利潤追求的側面（採算性）とが対立する場合がある。利用者の増大を見込んで，観光資源の周辺に多数のホテル・旅館が建設されるならば，共有財の混雑や汚染，遂には観光資源の枯渇にまで至る事態を招く可能性が生じる。これは共有地の悲劇あるいはコモンズの悲劇[7]と呼ばれ，排除性のない共有資源において発生する問題点でもある。

そうした悲劇を回避するためには，社会による一定の規律，すなわち観光資源の素材的側面に関する質的基準を国や地方自治体が明示する必要がある。具体例として，温泉法，自然公園法，文化財保護法や景観法などが挙げられる。また法的強制力を備えた政策的な規制を設けること，例えばホテルや旅館の開業数を制限することも適切な措置となり得る。あるいは，利用権を定めて，受益者（観光者）から観光資源を保全するための費用（利用料金）を，例えば地方自治体が徴収することも現状を維持するために有効な措置となろう。

第3に，観光者が排除されないだけでなく，観光者の消費が他人の消費を妨げない，公共財としての観光地をみてみよう。そこでは非排除性・非競合性が成立する。例えば，総延長数十キロにもわたる風光明媚な海岸が挙げられる。受益者（観光者）の公共財に関する評価に差異がある時，あるいは所得格差が大きい時に，観光者が市場で自らの支払い意思を正直に表明しない場合が考えられる。そのため，観光資源の保全に要する利用料金が確定したとしても，これを利用者が負担しない可能性は高い。つまり，公共財の利用におけるフリーライダー（ただ乗り）の可能性である。市場が好ましい機能を発揮できないゆえに，それは市場の失敗と呼ばれている。

---

6) ある観光者の観光資源利用が他の観光者の利用を制限することになる場合，その観光地は共有地と呼ばれる。
7) Hardin, G., "The Tragedy of the Commons", *Science*, No. 162, Iss. 3859, December 1968, pp. 1243–1248.

公共財の供給において市場の失敗が認められる場合，自らの利潤を追求しない政府が，経済的効率性の回復，すなわち社会的厚生の最大化を目的に中立的な立場で当該市場へ介入する方法をとる[8]。そこで公共財に分類される観光地においては，公共性（観光資源の素材的側面）を維持するため，現在の観光者（納税者）だけではなく，将来そこを訪れるかもしれない観光者にも費用を税金として負担してもらうことが考えられる[9]。

　この場合，公共財に分類される観光地が，税金を徴収することによってどの程度まで便益を増加させるのかを推計できれば，その便益を公共財としての観光地の現状維持費用と比べることが可能となる。現状維持のための課税が生み出す便益は，それを実施することで観光地に新たな経済的価値，すなわち付加価値（value added）がどれほど生み出されるかで測定される。これは観光地の価値×収益率＝付加価値で現される。便宜上，観光地が生み出す経済活動のうち，収入や支出の形で観察可能な金銭的な便益だけに限定して検討していく。

　さて，「観光者（家計部門）の支払った金額（支出）＝観光産業（企業）が受け取った金額（収入）＝原材料費＋社員の給料＋企業の利益」とすると，観光地の生み出す付加価値は社員の給料と企業の利益である。さらに，原材料費も社員の給料と企業の利益から構成される。最終的に無視できるほど原材料費がゼロに近づくと考えると，観光者（家計部門）の支払った金額が観光地の新たに生み出す付加価値に相当することになる[10]。この付加価値は新たな経済活動を引き起こし，当初の付加価値の何倍にもなって波及していく乗数効果をもたらす。したがって，観光地の便益は付加価値とこの付加価値が生み出す乗数効果によって測定できる[11]。

　費用よりも便益が大きければ，国や地方自治体がその費用を税金として国民

---

[8] ただし，市場の失敗で発生する費用と政府の失敗で生じる費用が正確に算出できることを前提として，政府の失敗による費用が市場の失敗による費用よりも少ないことを事前に確認する必要がある。
[9] 福重元嗣「ツーリズム産業の経済効果」櫻川昌哉編『ツーリズム成長論』慶應義塾大学出版会，2013年，51－53頁。
[10] 同上書，54－55頁。

や住民から徴収できる。これは費用便益分析（cost-benefit analysis）と呼ばれ，フリーライダー（ただ乗り）の防止にも有効である。ただし，受益者と負担（納税）者の乖離[12]，また異時点間の受益（便益）を比較する際に使用される割引率の決定が問題点として残るため，正確な便益は推計しがたい点に留意しなければならない。それゆえ，利用料金の徴収は困難となるであろう。

　一方で，公共財に分類される観光地の利用料金（課税額）を検討する際に，費用便益分析だけでは対応できないこともある。すなわち，人間社会に必要な自然の再生産条件の復旧不能な破壊，復元不可能な文化財，町並みや景観の損傷などといった絶対的損失が発生すれば，つまり貨幣的補償をどれだけしても社会的損失が回復しないとすれば，費用便益分析だけでは不十分となる。

　そうした事例に対しては，環境アセスメント（環境影響事前評価）で補完していく必要がある[13]。さらに，共有財に分類される観光地と同様に，例えば，温泉法，自然公園法，森林法，文化財保護法，景観法，世界遺産条約などのように政府が観光資源の素材的側面（公共性）に関する質的基準を明示すること，さらに法的強制力を備えた政策的な規制（例えば，利用者数の制限）を設けることも重要な観点となる[14]。

第2節　観光資源の評価と保護

　観光資源は旅行商品の生産・消費において他の生産要素や財に代替できない固有の性質をもつ財で，経済財としても利用される。経済財とは，一定の質と

11）　乗数効果を測定するためには，観光地を1つのシステムとして認識する必要がある。詳しくは，小谷達男「観光地経営の概念と適用」『月刊　観光』1984年4月号，7-11頁を参照されたい。
12）　したがって，誰が費用を負担すべきかは一律に決められない。
13）　宮本憲一『新版　環境経済学』岩波書店，2007年，120-121頁。
14）　宮本氏によると，有効な環境政策を提示するためには，①資本形成（蓄積）の構造，②産業構造，③地域構造，④交通体系，⑤ライフスタイル，⑥廃棄と物質循環，⑦公共的介入のあり方，⑧国際化のあり方についての分析が不可欠とされる（同上書，56-72頁）。

量をもつ財が貨幣と交換され，同時にその所有権も購買者に移転するものである。ただし，経済財となるためには，その観光資源が質と量において観光対象として優れていること，またその利用に際して採算性が見込めることを条件とする[15]。例えば，同じ海岸を，プライベート・ビーチのように特定の企業が独占的に所有・利用すると経済財となる。一方，海岸を私的に所有せず利用料金も徴収しないで一般に開放するならば公共財となる。なお，観光資源（海岸）を経済財として活用するに際しては，その観光資源を一部であっても私的に所有・利用できるか否かに関する法的な規制の有無を確認しなくてはならない。

　観光資源は開発されることで，その資源価値を発揮していく。つまり，観光資源は観光対象になる可能性があるものである。したがって，観光資源の特性や規模と整合性をもつ開発となるように資源価値の事前評価が必須となる。その際，観光資源それ自体の評価に加えて，その立地分析（市場からの距離や交通アクセス手段の整備状況）や現地の受入れ体制なども重要な評価項目となる。これらを総合的に評価したうえで，観光開発の意思決定はなされていく。いずれにしても観光開発の要となる観光資源の評価基準を確認しておこう。

　わが国における自然観光資源と人文観光資源の評価基準としては，特A級，A級，B級，C級の４つにランクづけられた指標が使用されている（図表7－2）[16]。特A級の観光資源は，わが国を代表する世界的観光資源であり，富士山，出雲大社，尾瀬ヶ原，熊野三山，日光杉並木，姫路城，法隆寺，桂離宮などが該当する。A級の観光資源は，特A級資源に準じ，観光重点地域を形成するうえで重要なものであり，浅間山，芦ノ湖，四万十川，天橋立，知床五湖，桜島，善光寺，鳴門の渦潮，永平寺，松本城，兼六園などが挙げられる。特A級やA級の観光資源は世界や全国から観光者を誘致できる力をもつ。それゆえ，観光開発において希少価値をもつ観光資源といえる。

　一方，B級の観光資源は地方レベルの誘致力をもつもので，那須高原，浜名

---

15)　小谷達男『観光事業論』学文社，1994年，50頁。
16)　観光資源を個別に評価するに際しては，専門家の総合的な判断が求められる。また，評価基準には普遍性だけでなく時代の価値観が反映される場合もある。

湖，養老ノ滝，信濃川，東尋坊，犬吠崎，淡路島，阿寒湖のマリモ，札幌時計台，偕楽園などが該当する。また，C級の観光資源は県・周辺地域レベルからの誘致力があるとされる[17]。こうした観光資源には，美しさ，珍しさ，大きさ（長さ，高さ），古さ・新しさ，静けさ，地方色の6つの要素のいずれか1つ以上が含まれている。

図表7-2 自然観光資源・人文観光資源の評価基準

ランク	自然観光資源	人文観光資源	内容
特A級	国立公園に属するもの 特別名勝 特別天然記念物	国宝 特別史跡	わが国を代表する資源でかつ世界にも誇示しうるもの。わが国のイメージ構成の基調となりうるもの。
A級			特A級に準じ，その誘致力は全国的で観光重点地域の原動力として重要な役割をもつもの。
B級	国定公園に属するもの 名勝 天然記念物	国宝 重要文化財史跡	地方スケールの誘致力をもち，地方のイメージ構成の基調となりうるもの。
C級	県立自然公園に関するもの 県指定の名勝 県指定の天然記念物	県指定の文化財 市町村指定の文化財	主として県民および周辺住民の観光利用に供するもの。

（出所）　細野光一「感動を呼ぶ観光資源」財団法人日本交通公社調査部編『観光読本』東洋経済新報社，1994年，40頁を一部修正。

さて，以上のような自然観光資源の評価基準は鑑賞型観光資源を対象としていた。そこで，滞在型観光資源に視点を変えてみよう。滞在型観光資源の評価基準としては，自然条件（日光，温度，風，温泉，山岳，河川，丘陵，海岸など）と市場条件（市場からの距離や交通アクセス手段の整備状況）が挙げられる。特に心身が再活性化できる，長期滞在に適したリゾート・ホテルの成立が重要な基準となる。避暑や避寒ないしマリン・スポーツやウィンター・スポーツを享受

17）　細野光一「感動を呼ぶ観光資源」財団法人日本交通公社調査部編『観光読本』東洋経済新報社，1994年，40頁。

できる場所がリゾートとして成立するための条件となる。すなわち，平均気温18～24℃で湿気60％前後のような避暑と避寒に適した気候が長く続くこと，あるいはマリン・スポーツとウィンター・スポーツといったアクティビティに適した気象条件が長く続くことがリゾートには求められる[18]。

次に人文観光資源として，近年，脚光を浴びている産業的観光資源に視点を移してみよう。産業的観光資源は産業文化財（産業遺跡など），工場，工房などといった生産現場，および第１次～第３次産業にかかわる学習や体験活動などを観光資源とするものである。独特な特徴をもつ産業的観光資源はそれ自身で誘致力をもつ。だが，その周辺に自然観光資源や他の人文観光資源があれば，それらとの相乗効果で誘致力を増大させる働きをする[19]。それゆえ，観光資源の評価基準は総合的に理解していくことが望ましい。

だが，自然観光資源と人文観光資源は時間の経過につれて自然に劣化していく。また，観光事業者や観光者による環境破壊の危惧もある。したがって，観光資源の評価基準は絶対的なものではない。保全策や管理・規制政策を講じないならば，その価値を現状維持できない可能性もある。そのため自然観光資源では，自然環境という観光資源を保全したうえでの観光開発が肝要となる。ただし，自然観光資源は国土保全機能，生活環境の保全機能，学術研究機能，木材・食料生産機能，および観光レクリエーション機能をもっている。つまり，自然観光資源の機能は観光に限定されないため，自然観光資源の保全には観光政策以外の多面的な政策的視点が不可欠となる。

人文観光資源では，文化的・社会的・産業的観光資源を保護・育成したうえでの観光開発が基本的な立場となる。文化財の散逸防止，都市開発による遺跡や史跡などの破壊禁止や違反取締の強化を通じた恒常的な観光資源機能の発揮が求められる。特に，人文観光資源は住民の日常生活圏内にある場合が多い。ゆえに住民生活の維持・向上といった社会的必要・欲求と人文観光資源の保全・保護を両立させ，「住んでよし，訪れてよしのまちづくり」を実現する必

---

18) 小谷，前掲『観光事業論』54頁。
19) 須田寛『新産業観光』交通新聞社，2009年，96-99頁。

図表7-3　国が保護する主な自然観光資源・人文観光資源

種類	法律・条約	資源・施設・人・地域		
自然	自然公園法 森林法 温泉法 世界遺産条約 ラムサール条約	国立公園・海中公園 森林 温泉 世界自然遺産 登録湿地	国定公園	都道府県立公園
文化	文化財保護法 古都保存法 明日香村特別措置法 世界遺産条約	国宝・重要文化財 重要無形文化財 重要有形民俗文化財 重要無形民俗文化財 重要伝統的建造物群保存地区 重要文化的景観 歴史的風土特別保存地区 明日香村 世界文化遺産	登録文化財	
自然・文化	文化財保護法 景観法 世界遺産条約	特別史跡名勝天然記念物 都市，農村，自然公園 文化遺産，自然遺産，複合遺産	史跡名勝天然記念物	

（注）　正式な法律名ではなく，略称を使用している。
（出所）　溝尾良隆「観光資源と観光地の定義」溝尾良隆編『観光学の基礎』原書房，2009年，47頁を一部修正。

要がある[20]。

　そこで観光対象となる自然観光資源と人文観光資源をわが国の法律と照らし合わせてみよう。すると，観光資源として認識したうえで保護されている事例よりも，観光とは異なる目的に依拠して保護されている事例が多いことがわかる（図表7-3）。例えば，温泉法（環境省管轄）は温泉の保護と利用の適正化，公共の福祉増進に寄与することを，自然公園法（環境省管轄）は自然風景地の保護と利用の促進，国民の保健や休養に資することを目的としている。その他，文化財保護法（文化庁管轄）[21]は文化的財産や文化的景観の保護を図ることを，世界遺産条約（ユネスコ世界遺産委員会の採択）は顕著な普遍的価値をもつ文化

---

20)　細野光一「感動を呼ぶ観光資源」財団法人日本交通公社調査部編，前掲『観光読本』43-44頁。

遺産と自然遺産，複合遺産の保護・管理を計画・実施することをそれぞれ理念としている。それゆえ，観光資源に関する施策は複雑である[22]。

法律による規制とは別に，その場所に特有な自然や文化に関する観光資源を住民と外部者の力を合わせて発掘する動きも近年ではみられる。観光地において自然や文化を媒介に形成された観光資源の象徴的価値が観光者を引き寄せるからである。ここに住民の関与度がさらに高まっていけば，観光地の内発的発展に変容していく可能性もある。それは観光地の活性化，すなわち観光開発に寄与する点で重要となる。

第3節　観光開発と観光地の運営

観光開発（tourism development）とは，未整備の観光資源を観光対象として利用できるようにするため，観光資源の開発と受入れ体制の整備を計画的に実行すること[23]，すなわち観光資源の保全を前提にそれを活用する観光事業が，観光の社会的・文化的・経済的な諸効果を生み出す行為である[24]。観光開発の諸効果は，国民や住民，あるいは個別企業にまで，さまざまな主体に関連する。その際，住民がその便益を平等に享受できることが望ましい。なお，開発主体の価値判断が観光開発に反映されている点を確認しておきたい。

観光開発の主体としては，国・地方自治体，民間企業，第3セクターや住民組織，NPOなどが想定でき，開発目的に応じて適切な主体が選択される。具

---

21) 文化財は，以下のように分類されている。有形文化財（建造物，絵画，彫刻など），無形文化財（演劇，音楽，工芸技術など），民俗文化財（衣食住，年中行事などに関する風俗慣習，民俗芸能およびこれらに用いられる物件），記念物（古墳，都城跡，城跡，旧宅，庭園，橋梁などの名勝地，動物・植物〔生息地，自生地を含む〕や地質鉱物），および伝統的建造物群（周囲の環境と一体をなして歴史的風致を形成している伝統的な建造物群）である。なお，重点的保護対象となるものには，「重要」が文字の先頭に付加される。
22) 溝尾良隆「観光資源と観光地の定義」溝尾編，前掲『観光学の基礎』48頁。
23) 末武直義『観光事業論』法律文化社，1984年，71-75頁。
24) 小谷，前掲『観光事業論』60-61頁。

体的には，国民経済や国民生活にかかわる目的ならば，国が開発主体となる。地域の活性化を目的とすれば，地方自治体が開発主体となる。個別資本の拡大やイメージ向上を目的とすれば，民間企業（地元ディベロッパー／外部ディベロッパー）が開発主体として参入する。公共の目的を民間の力と一緒になって達成しようとすれば，日本独自の制度である官民共同出資の第3セクターが開発主体として設立される。さらに，住民の参加と合意による，地域の自律的な取り組みやNPOも開発主体として挙げられる。

　開発主体を資金や技術の調達先を基準として地域内部と地域外部に分けて検討してみよう。観光開発から生じる利益を地元に還元しようとすれば，地元の地方自治体，地方自治体と民間企業から成る第3セクター，住民組織やNPOの中で適切なものを開発主体に据えた内発的発展（endogenous development）が模索される。だが，開発に必要な資金や技術を地元で調達できないならば，外部ディベロッパーを開発主体に据えた外来型開発（exogenous development）への転換が考えられる。後者の場合，観光施設と土地の所有形態について留意すべきである。なぜなら，両者の所有形態，すなわち民間企業や個人の私的所有なのか，あるいは住民の共有または国有といった公的所有なのかといったいくつかのパターンに応じて開発利益の帰属先が異なるからである。

　例えば，スキー場のリフトやレストハウス（観光施設）とゲレンデ（土地）を事例に挙げると，第1に観光施設と土地のいずれも私的所有のパターン，第2に観光施設が民間企業の私的所有で，土地は住民による公的所有（共有地）のパターン，第3に観光施設と土地の両方が公的所有のパターン，そして第4に観光施設が公的所有で，土地が私的所有のパターンが考えられる。この4つのパターンで開発主体がすべて地域内部の場合，すなわち内発的発展ならば，利益を地元に還元する制度設計ができる。

　一方，第1パターンで観光施設と土地の両者が外部ディベロッパーの私的所有という外来型開発の場合，利益は地域外へ流出してしまう。また，第2と第4パターンで観光施設ないし土地だけが外部ディベロッパーの私的所有で，残る土地ないし観光施設に地元の地権者がいる場合，地元への利益還元額は外部

第 7 章　観光開発と事業主体

流出分だけ少なくなる。いずれにしても，外部ディベロッパーを活用する際には，地元に利益が還元されるように，外部ディベロッパーとの間で利益の分配を事前に協議することが必要となる[25]。

このように，開発主体，観光施設と土地の所有形態のあり方によって利益の帰属先が異なっている。しかし，いずれのパターンであっても，地域社会（特に住民）に多かれ少なかれ正の経済的効果をもたらすことが期待されている。ただし，道路などの基盤施設の整備費を地元が負担していること，観光開発が地域社会の観光資源，ライフスタイルや伝統文化に負の自然的・社会的・文化的効果や影響をもたらす可能性があることを看過してはならない。だが，観光開発では，そうした認識が利害関係者間で共有されにくい場合がある。

観光開発におけるそうした問題点について，計画型観光地と自然発生型観光地を事例にみていこう。まず計画型観光地の場合，ディベロッパー（地元よりも地域外の企業が多い）が利害関係者，特に住民や地域社会を巻き込んで観光資源の評価を計画の初期段階から実施する。このため，後に述べる問題点があるとしても，利害関係者間で観光開発の理念が共有されやすい。次に自然発生型観光地を再開発する場合，既存の観光産業や観光関連産業，国や地方自治体，住民が自らの観光資源評価に固執しがちなため，利害関係者の間で新たな開発理念を共有しにくいことがある[26]。

以上の点を踏まえて，観光開発の理念に関する代表的な論点を 3 つまとめておきたい[27]。すなわち，開発利益の分配，レクリエーションと観光行動，および伝統文化や自然・社会環境の保全・保護と観光開発である。

第 1 に開発利益の分配である。これは開発の結果として生み出される利益と環境汚染や交通渋滞などに伴う社会的費用を，開発主体と地元の地域社会との間でどのように分配するかを議論するものである。観光資源を有する地元の地

---

25) 山村順次『観光地域論－地域形成と環境保全－』古今書院，1990年，152-165頁。
26) 村上和夫「観光における開発と保護」前田勇編『第 2 版　現代観光総論』学文社，1998年，96頁。
27) 村上和夫「観光開発」塩田正志・長谷政弘編『観光学』同文舘出版，1994年，158-159頁。

域社会では資金や開発技術などが不足することから，巨額の開発資金や技術をもつ地域外の大企業に観光開発を委ねることがある。そうした外来型開発の場合，開発主体が地元負担の社会的費用を償うに足る利益を地元に分配しない可能性がある。それゆえ，地元への利益還元額と地元負担の社会的費用との割合が論点となる。

第2にレクリエーションと観光行動である。レクリエーションとは，仕事などの拘束によって疲弊した心身を読書や映画鑑賞といった娯楽，マリン・スポーツやウィンター・スポーツのような運動などを通じて回復すること，またそのために必要な資源や施設を総称したものである。つまり，レクリエーションは，そこから何人も排除できず，皆が同じようにそれを享受できなくてはならない。それゆえ公共財的性格をもつ。一方，レクリエーションは日常生活圏の内外で行なわれるため，観光行動とも重なる部分がある。したがって，有料のレクリエーション施設を建設することも観光開発に含まれる。だが，マリン・スポーツならば海，ウィンター・スポーツならば山というように自然観光資源がレクリエーションの場となっている点を看過してはならない。つまり，自然観光資源を活用したレクリエーションにおける過度の商業主義が論点となっていく。

第3に伝統文化や自然・社会環境の保全・保護と観光開発である。まず観光開発が観光地の伝統文化を変容する可能性が挙げられる。すなわち，観光開発によって地域社会に観光者が増えると，観光消費額が増大するだけでなく，観光者と触れ合う地元の観光事業従事者や一般住民の消費水準ないしライフスタイルにも影響を与える。観光地の住民，特に若者は，来訪者の服装や所持品，行動パターンを次第に模倣するようになる。つまり，観光地の伝統文化や価値観からの乖離が論点とされる。次に，観光開発による水質汚濁や大気汚染など自然環境への負の影響，交通渋滞や騒音などの社会環境への負の影響，さらにそれらが住民の日常生活に及ぼす負の影響も論点となっている。この場合，社会工学的な対処法や環境アセスメントの実施が論点となっていく。

そうした論点を克服し観光開発を推進するためには，観光開発の理念を明確

にすること,利害関係者間でそれを共有することが重要となる。すなわち,観光開発の計画段階から,国や地方自治体,観光産業や観光関連産業,住民が理念を共有しながら,地域の観光事業を組織化していく制度設計が求められる。その際,波動性のある観光需要の上限とある程度まで整合性をもつ観光地の供給能力を創出すること,同時に観光地の公共財的性格を勘案することである。特に,適正な観光者の収容人数を認識することが持続可能な観光地の形成においては大切となる。つまり,開発主体が計画性をもって,当該地域の観光資源を適切に利用しながら,利害関係者の協力とともに,観光地の社会的・文化的・経済的な振興と地域住民の福祉向上を図ることが不可欠となる[28]。

　なお,観光開発には,観光資源の固有価値を引き出していく側面があることも指摘しておきたい。固有価値とは,自然の性質,素材の特性を基礎として,生命と生活を発達させる財やサービスを生産・供給する力量を意味する。貨幣換算できる交換価値ではなく,生命と生活の充実に寄与する性質が固有価値である。ただし,固有価値をもつ場所の観光資源を有効価値に転化するには,観光事業者や観光者,住民がそうした固有価値を享受できる能力,文化資本を修得していなければならない[29]。すなわち身体化された文化資本が必須となる。

　さて,地方や辺境にある観光地が都市や先進国を発地とする観光者による観光消費に依存しているとしよう。この場合,地域社会への観光者数の増大,それに伴う住民と観光者との接点が増えるにつれて,前述のように観光地に暮らす地元の観光事業従事者や一般住民のライフスタイルが都市住民のライフスタイルへと徐々に変容していく可能性がある。つまり,観光事業を基軸とした地域振興を目標に据えると,観光地が発地側の都市と文化的に均一なライフスタイルへと変容してしまうことになる。これは地域社会の発展よりも観光事業を重視しているために生じる現象である(図表7－4)。

---

[28]　小谷,前掲『観光事業論』61頁。
[29]　Ruskin, J., *Munera Pulveris : Six Essays on the Elements of Political Economy*, London : Smith, Elder & Co., 1872, pp. 152-158(木村正身邦訳『ムネラ・プルウェリス－政治経済要義論－』関書院,1958年,39－40頁)。

図表7-4　観光開発における2つの方法

地域社会の発展を優先	観光事業を優先
持続可能な人間発達	経済的な拡大
システムとしての観光事業	産業としての観光事業
文化としての観光事業	消費者中心主義としての観光事業
現代世界システム	世界化（グローバリゼーション）
周辺	中心
低開発	現代化
全体論的な	経済論的な

(出所)　Burns, P., "Tourism Planning：A Third Way?", *Annals of Tourism Research*, Vol.31, No.1, 2004, p.26 (一部修正)。

　観光者の中には観光地に伝統的な地域社会を探し出し，そこに観光用に人為的につくられたものではない本物（authenticity）のライフスタイルを発見することを期待している者もいる。観光地は伝統的な地域社会と観光者を積極的に受入れるための観光事業という2重構造から組織されているからである。そこで観光開発に際しては，観光地に自然発生的な組織（共同体）と機能的な組織（観光事業）が重層的に存在していることを再確認しなくてはならない。

　これは，観光開発において，観光事業の推進と地域社会の活性化を一律に経済的基準から立案すべきではないことを意味する。むしろ経済的基準よりも自然的・社会的・文化的基準のほうが重要となる。すなわち，伝統的な地域社会を基盤とした生活環境の維持・向上を目的に，その一環として生活環境を観光資源として活用していく必要がある。まちづくりから観光への発想である[30]。地域社会の活性化や住民のライフスタイルの再発見を基礎にすれば，観光地としての持続可能性をも達成できることになる。

---

30)　西村幸夫編『観光まちづくり－まち自慢からはじまる地域マネジメント－』学芸出版社，2009年，第1章～第3章。

第8章　観光事業と内発的発展

第1節　観光と開発理論

　観光開発には一定の価値判断が反映されている。そこで，その価値判断の根拠を探るため，開発理論の系譜を辿っていきたい[1]。まずは，近代化論（線形発展段階モデル），従属論，新自由主義，および持続可能な開発からそれぞれの重要概念や戦略を確認しておこう（図表8-1）。

図表8-1　1950年代以降における開発理論の系譜

年　代	開発過程	重要概念と戦略
1950年代 -1960年代	近代化論	西洋的経済成長モデルの優位性 －発展段階論 －構造主義 －成長極[※1]とトリクルダウン理論[※2]の普及 －政府の介入（規制／保護主義）
1960年代 -1970年代	近代化論／従属論	先進国による支配／搾取による低成長 －経済的な再編成 　（輸入代替，保護主義＝内需拡大） －成長の限界 　（環境への懸念に対する新マルサス理論）
1970年代 -1980年代	新自由主義	自由市場の促進 －経済活動に対する政府介入の限界 －規制緩和／民営化 －構造調整プログラム －新経済秩序（ワンワールド）

1）　絵所秀紀『開発の政治経済学』日本評論社，1997年，220-230頁。鈴木紀「開発問題の考え方」菊池京子編『開発学を学ぶ人のために』世界思想社，2001年，10-31頁。Todaro, M. P. and S. C. Smith, *Economic Development* (11th edn), Harlow: Longman, 2011, pp. 2-27, pp. 109-132, pp. 465-501.

1980年代	新自由主義／代替的開発	異なる文化／社会の開発に与える影響の認識 －草の根／人間中心の開発 －ベーシック・ニーズ 　（食糧，住宅，教育，健康） －地域のコンテクスト／土地固有の知識 －環境的持続可能性
1990年代	代替的／持続可能な開発	持続可能パラダイムの優位性，ポスト開発学派の登場 －草の根／人間中心の開発 －環境の管理 －グローバル化への取り組み －開発の「行き詰まり」
2000年代	行き詰りを超えて （新しいパラダイム？）	ポスト開発（支配的な開発概念の排除） －世界的な環境政策／議定書 －国境を越えた移動 －ミクロレベルの戦略 －貧困の削減 －政府の保護と開発

※1　途上国の農村地域に対する都市地域のように，周囲よりも経済的・社会的に進んだ地域のこと。
※2　政府資金を大企業に投入すると，中小企業と消費者にまで波及し，景気を刺激するという理論のこと。
（出所）　Sharpley, R., *Tourism Development and the Environment*：*Beyond Sustainability?*, London：Earthscan, 2009, p.39.

　1960年代は，観光開発が発展途上国の問題点を解決するであろうという楽観的な見方が主流であった。その背景には，観光事業が発展途上国の経済発展を促進すること，すなわち近代化に寄与するという近代化論の認識があった[2]。先進国から発展途上国への大規模な投資が発展途上国の貧困層へ経済的恩恵をもたらすというトリクルダウン理論に依拠した考え方である。そして，発展途上国の観光事業に対する外資投入が地元に雇用を創出すること，観光収入による地元経済への波及効果やGDPの増加が期待された。そのため政府による大

2）　近代化論とは，経済成長モデルに加えて，政治や社会，文化などの観点から近代化の意義とその達成方法を解明する理論である。近代化論の特徴として，進化論，構造主義，科学技術信仰が挙げられる。

規模な観光開発が行なわれることもあった。ただし，発展途上国は近代化の手段であった観光事業に加えて，先進国の価値観もまた受容していった[3]。

1970年代に入ると，発展途上国における経済波及効果が期待されたほどではないことが認識されてきた。観光収入の一部が観光開発に出資した先進国へ漏出し，発展途上国は期待していた効果を獲得できなかったからである。それゆえ，経済発展の道具として観光事業を利用することに疑義が生じてきた。近代化論に対する従属論の批判とも軌を一にしていた[4]。一方，観光開発による負の経済的な影響に加えて，負の社会的・文化的な影響が文化人類学者や社会学者によって指摘され，先進国への経済的・文化的従属という実態が議論され始めた。また，生態学者は観光開発による環境への負の影響に注目しつつあった。

先進国の周辺に位置する観光地は新たなプランテーション工場であると認識できるほどにまで成長した。外資による観光開発を受入れた観光地の地域社会は潜在的な自己制御力を喪失し，先進国主導のグローバル・システムに組み込まれてしまったからである。ごく少数の支配的立場にいる住民がそうした観光開発の経済的恩恵を享受したにすぎず，大部分の利益は観光開発に資金を提供した先進国の多国籍企業へ流出していった。さらに，島嶼地域のような観光地と発地側の先進国との間を結ぶ航空路線の拡大や便数の増加につれて，発展途上国が先進国へ依存する関係はさらに強化されていった[5]。

1980年以降になると，新自由主義が経済政策の手法として世界的に活用され始めた[6]。新自由主義は観光開発による地域社会の負の側面を拡大こそすれ，根本的な解決策とはならなかった。一方で，従属論に依拠しても地域経済

---

3) Holden, A., *Tourism Studies and the Social Sciences*, London：Routledge, 2005, pp.118-119；Sharpley, R., *Tourism Development and the Environment：Beyond Sustainability?*, London：Earthscan, 2009, pp.40-41.

4) 従属論とは，近代化論を理想主義であると批判し，発展途上国のおかれている現状を基礎にしながら開発に関する理論を構築したものである。自律的で自己継続的な成長能力を備えた中心地域と，そうした自律性を欠き，中心地域の趨勢に支配された周辺地域との関係性を従属論は想定する。

5) Holden, A., *op.cit.*, pp.119-121；Sharpley, R., *op.cit.*, pp.41-42.

の活性化,負の社会的・文化的・環境的な影響の削減に関する解決策は得られなかった。そこで代替的な開発パラダイムを観光事業に即して模索する必要性が生じてきた。そうした状況において1987年になると,国連のブルントラント委員会の報告書『地球の未来を守るために (Our Common Future)』が刊行され,これを契機に持続可能な開発の考え方が世界中に広く知られるようになった。なお,そこでは,持続可能な開発を「将来世代が自らの必要を充足する能力を損なうことなく,現在の必要を満たす開発」と定義している[7]。

持続可能な開発の考え方を観光に適用すると,観光開発と自然環境の保全,さらに観光開発と地域社会の政治・経済・文化の各領域との整合性,これらを両立させる持続可能な観光という概念になる。この実現に向けて,旅行業は,例えば国連環境計画 (UNEP),国際連合教育科学文化機関 (UNESCO),および世界観光機関 (UNWTO) との協力で,責任ある観光を目標として,ツアー・オペレーター・イニシアティブ (Tour Operators' Initiative : TOI)[8] を立ち上げた。旅行業以外にも,NGOが持続可能な開発を提言していた[9]。観光と持続可能な開発に関する公的な戦略の初期のものとして,政府,NGO,旅行業,研究者らがカナダで開催したグローブ'90コンファレンス (the Globe '90 conference) が挙げられる。そこでは,5つの持続可能な観光の目標が示されている。すなわち,第1に観光事業と環境・経済との顕著な関連性に関する理解をさらに深めること,第2に公正に留意した開発を促進すること,第3に受入れ側の地域

---

6) Sharpley, R., *op.cit.*, p.42. なお,新自由主義が市場メカニズムの機能を重視することで,中心に対する周辺の従属性をさらに強化すると従属論は認識していた(鈴木紀「開発問題の考え方」菊池編,前掲『開発学を学ぶ人のために』20頁)。

7) The World Commission on Environment and Development, *Our Common Future*, Oxford : Oxford University Press, 1987, p.8.

8) TOIとは,2000年から始まった,ツアー・オペレーターによる自発的な運動のことである。旅行業に持続可能な観光を浸透させる目的で,TOIは次の4点に留意しながら活動をしている。すなわち,第1に持続可能性について報告すること,第2に観光地と協力すること,第3に観光についてのサプライチェーン・マネジメント (SCM) を構築すること,そして第4に意思の疎通を図ることである。

9) Holden, A., *op.cit.*, p.123.

社会における生活の質を改善すること，第4に観光者に高質な体験を提供すること，第5にそうした目標に留意しながら環境の質を維持することである[10]。

　持続可能性の概念には多くの目標が混在しており，その中には相互に矛盾しているものもある。そのため，観光開発の指針として持続可能性を活用しようとすると，曖昧な点が生じる。だが，そうした問題点にもかかわらず，地域社会で実際に生活している住民が観光開発の意思決定をすべきであるとしばしば提唱されている。なぜなら，民主主義の原則に則っているからであり，また住民の方が外部者よりも環境に配慮しながら行動すると認識されているからでもある。しかしながら，観光開発の意思決定に参画する住民が，環境への負荷をできる限り低く抑えるような選択肢を必ず選ぶとは限らない。環境への負荷を理解しているにもかかわらず，雇用を生み出す産業を優先すること，すなわち地域経済の発展を選ぶこともありうるからである[11]。

　さて，マス・ツーリズム（発地主導型観光）が惹起するさまざまな負の影響を反省し，1970年代末から欧米諸国で盛んになってきたのは政策論的なオールタナティブ・ツーリズムである。オールタナティブ・ツーリズムの統一した定義はないが，次のように特徴をまとめられる。第1に外部者よりも住民によって，観光開発の進展が管理されていること，第2に小規模な観光開発で，所有権のほとんどが住民に属すること，第3に自然観光資源の保全に加えて，負の社会的・文化的な影響を最小化していること，第4に輸入依存度を減らしながら，農業のような他の地域経済部門との関連性を最大化していること，第5に住民に対する観光の経済的恩恵を最大化し，平等に分配していること，第6に公平性に鑑み，意思決定において女性や社会の周辺的な地位にある集団に権限を付与していること，第7に地元で標準的な宿泊施設や食料品を喜んで受容する顧客層，また地元の文化や自然環境に基づく教育に関心のある顧客層をも惹きつけていることである[12]。なお，欧米諸国では，1980年代からスペシャル・イン

---

10) Fennell, D., *Ecotourism* (3rd edn), London：Routledge, 2008, pp.8－9.
11) Holden, A., *op.cit.*, pp.123－125.
12) *Ibid.*, p.127.

タレスト・ツーリズムも登場している。これは観光者の特殊な興味や関心を追求する観光形態である[13]。オールタナティブ・ツーリズムとスペシャル・インタレスト・ツーリズムは後にニュー・ツーリズムと呼ばれていく[14]。

第2節　新しい観光の概念と観光形態

　1990年代後半になると，持続可能な開発を目標とする1987年のブルントラント委員会報告の影響を受けて，オールタナティブ・ツーリズムよりもサステイナブル・ツーリズムという表現が使用されるようになってきた。

　サステイナブル・ツーリズムでは，自然，経済や社会に対する配慮が求められている[15]。すなわち，第1に自然観光資源を保全すること（それゆえ，観光が環境に与える負荷，すなわち自然，野生動物の生息地や野生動物自体に及ぼす負の効果を最小化しなければならない），第2に競合する他の観光地から明確に差別化すること（そのためには，地元の歴史，産業，文化，ライフスタイルや自然環境を活用しなければならない），第3に過去・現在・未来へと変容していく地域社会の価値観を反映すること，また広範な市場動向，特定セグメントの必要・欲求と期待を理解することが条件となっている。

　さらに，第4に複数の特質をパッケージ化しながら観光地の魅力，すなわち観光者にとっての経験価値を大きくして集客の可能性を高めること（集客数の増加は地域経済波及効果を増大するから），第5に観光地における繁栄の停滞・衰退時期を遅らせるために，優れた文化資本を観光地がもつこと（観光者の経験

---

13) Weiler, B. and C.M. Hall (eds.), *Special Interest Tourism*, London : Belhaven Press, 1992, pp. 5-6 ; Douglas, N., N. Douglas and R. Derrett (eds.), *Special Interest Tourism*, Sydney : Wiley, 2001, p. 3.
14) ニュー・ツーリズムは，プーン (A.Poon) が1989年に使い始めた用語である (Poon, A., "Competitive Strategies for a "New Tourism"", in Cooper, C.P. (ed.), *Progress in Tourism, Recreation and Hospitality Management*, Vol. 1, London : Belhaven Press, 1989, pp. 91-102)。
15) Sharpley, R., *op.cit.*, pp. 61-62.

価値がさらに高まり，集客に寄与していくから），第6に観光は経済発展だけでなく地域社会発展の道具でもあること（それゆえ，観光者と住民の双方に観光事業は便益を提供しなければならない。そのためには，観光産業，観光関連産業，観光者，地域社会や住民の参画，すなわち観光地のまちづくりをしていくこと）が付加されている。

このようにサステイナブル・ツーリズムでも，オルタナティブ・ツーリズムと同様に，観光資源や地域社会に留意した観光開発が重視されている。ただし，サステイナブル・ツーリズムでは，オルタナティブ・ツーリズムよりも，全体論的・長期的・人間中心的な視点が強いといえる[16]。

以下では，わが国におけるニュー・ツーリズム登場の背景をマス・ツーリズムとの比較を通じて確認していきたい。マス・ツーリズムの展開過程を振り返れば，1963年の観光基本法制定，1964年の海外旅行自由化，1970年のジャンボ・ジェット機就航による交通費の低廉化，移動時間の短縮化に帰着する。これらを受けて，海外旅行に不慣れな観光者でも格安の料金で安心して楽しめる，募集型企画旅行（パッケージ・ツアー）商品の造成・販売が開始された。この旅行商品は当時の社会経済的状況と相まって急速に普及していった。

1980年代に入ると，日米貿易摩擦の解消策として，規制緩和による内需拡大を目的に，民間資本を活用した地域開発が実施された。それは1987年6月実施の第4次全国総合開発計画（四全総）である。さらに，四全総と連動する，総合保養地域整備法（通称：リゾート法）が同時期に施行された。すると，民間活力を活用した地域開発がリゾート開発という名目で日本各地において繰り広げられていった。そこでは，既存の農林水産業や中小製造業に加えて，余暇関連産業が新たな地方経済の基幹産業になると想定されていた[17]。

リゾート法はリゾート開発をする民間企業に，金融や財政において優遇措置を施した。特に民間企業が歓迎した措置は規制緩和であった。国立公園や国定

---

16) Ibid., p.45.
17) 鈴木誠「地域開発政策の検証」岡田知弘・川瀬光義・鈴木誠・富樫幸一『第3版 国際化時代の地域経済学』有斐閣，2007年，197-201頁。

公園の指定を受けていた地域の開発が民間企業に許可されることになったからである。例えば，自然公園法，森林法，農地法や港湾法の規制緩和が実施された。これらの法律で保護されていた自然観光資源を域内にもつ地方自治体は，リゾート法の指定を受けると，民間資本との共同出資で第3セクターを設立し，リゾート・ホテルやリゾート・マンション，ゴルフ場やスキー場，ヨット・ハーバーなど，会員権販売の手法によって比較的短期間で利益が確保できる施設の建設計画を発表し，開発事業に着手し始めた。だが，1990年代半ばを過ぎると，第3セクター方式のリゾート開発事業に経営破綻が相次いでいった[18]。

第3セクター方式によるリゾート開発の問題点は次の3点を看過していたことに集約できる。第1に，建設段階の経済波及効果は一時的なものであり，長期的な経済波及効果は運営段階における入込客数や消費支出額に左右されることである。利用者の嗜好を軽視しただけでなく，全国に類似した施設を建設したのでは，景気の悪化による観光消費の落ち込みを食い止めることはできない。

第2に，施設建設工事の受注者が大都市に本社をおく大手総合建設業（ゼネコン）である場合，受注に伴う利益の多くが地元に残らないことである。また，地産地消の仕組みがない場合，運営段階でも地元への利益が期待できないことである。外来型開発では，地域を主体とした経済資本の循環にならない。

第3に，たとえ雇用機会，所得確保，税収増大，産業振興といった経済的な正の効果が地域社会にもたらされたとしても，それが自然環境や文化の破壊といった自然的・社会的・文化的な負の影響で相殺されるならば，地域社会に不可逆的な損失を残してしまうことである。地域社会に固有の自然・社会・文化の持続可能性を損失するならば，最終的に住民は利益を獲得できない[19]。

観光者の嗜好を軽視し，人工施設に依拠したリゾート法にもとづく観光開発は，いわば旧来型観光のマス・ツーリズムがニュー・ツーリズムに変容をとげる時期とも重なっていた。1990年代頃から，観光者が徐々に自らの興味や関心

---

18) 1998年に9社，1999年に13社，2000年に15社が経営破綻した。
19) 鈴木誠「地域開発政策の検証」岡田・川瀬・鈴木・富樫，前掲『第3版 国際化時代の地域経学』206-207頁。

に従って個人で行動するようになってきたからである。

　すなわち，団体行動，大衆追随，太陽，享楽，所有や脱日常を志向していた観光者が，個人行動，個性重視，自然体験，学習，領有や達成感を徐々に志向してきたからである[20]。受動型観光者から能動型観光者への転換である。さらに，観光者の労働形態や所得分布の変容もあった。また，観光産業におけるICTの進展，規制緩和（航空業），マス・ツーリズムに起因する観光地の劣化といった点も指摘できる。こうした経緯を経て，マス・ツーリズムとは異なる，ニュー・ツーリズムがわが国の国内旅行でも登場してきた。

　2007年6月になると，『観光立国推進基本計画』において，ニュー・ツーリズムという用語を国が使い始めた[21]。そこでは，エコ・ツーリズムとグリーン・ツーリズム，長期滞在型観光とヘルス・ツーリズム，文化観光と産業観光などの新しい観光形態が推奨されている。そして観光者別の細分化された体験・学習テーマに合致するように，各地域独自の自然・社会・文化を利用して，観光者の多様な必要・欲求を充足できる旅行商品をその場所の観光事業者や住民が造成・販売することが説かれている[22]。

　観光立国の推進体制を強化するため，2008年10月には，国土交通省の外局として，観光庁が創設されている。以下では，ニュー・ツーリズムを自然・社会・文化に分けて，それぞれの概要をみていきたい。

　第1に，自然に関連する観光形態として，エコ・ツーリズムとグリーン・

---

20) Poon, A., *Tourism, Technology and Competitive Strategies*, Wallingford：CAB International, 1993, pp. 144-146. 現在では，サステイナブル・ツーリズムとスペシャル・インタレスト・ツーリズムとの境界が曖昧になりつつある（安村克己「新しい観光の登場」安村克己・堀野正人・遠藤英樹・寺岡伸悟編『よくわかる観光社会学』ミネルヴァ書房，2011年，30-31頁）。

21) 国土交通省『観光立国推進基本計画』2007年，52-55頁（http://www.kantei.go.jp/jp/singi/kako2/kettei/070629/keikaku.pdf）。同計画は2007年1月に施行された観光立国推進基本法に依拠するものである。観光立国推進基本法は1963年6月に制定された観光基本法を全面改正したもので，観光を21世紀における日本の重要な政策の柱と位置づけている。

22) ニュー・ツーリズムでは，これまで観光地ではなかった場所が観光に取り組み始めている。

ツーリズムが挙げられている。エコ・ツーリズムとは，自然環境を損なうことなく，訪問者がそれを体験，学習する旅行である。環境保全のために植樹や清掃を行なうボランティア要素の濃い体験，絶滅危惧種に指定された野生生物の観察がエコ・ツーリズムでは実施される。対して，グリーン・ツーリズムとは，農村，山村や漁村において，そこに独自な自然や文化に触れ，また住民と交流する旅行である。農業や漁業の体験，農産物の加工体験，さらに農業，林業，漁業従事者宅への宿泊体験，食育がグリーン・ツーリズムでは行なわれる。

　第2に，社会に関連する観光形態として，長期滞在型観光とヘルス・ツーリズムをみてみよう。長期滞在型観光とは，団塊世代の大量退職に対峙しているわが国の現状に鑑み，これを観光需要の増大や地域活性化に活用していこうとする旅行である。生活圏内にある空き家を無料で貸し出すなど，田舎暮らしを模索している都市住民が短期移住したくなるインセンティブを高めて，地域社会を再活性化する動きが長期滞在型観光では試みられている。一方，ヘルス・ツーリズムとは，疲弊した心身を，温泉のような自然観光資源，自転車やスパのような運動を要する交通手段や観光施設を活用することで健康な状態へと回復させる旅行である。ただし，健康が治療・維持・回復という広範な意味をもっているため，ヘルス・ツーリズムにはレジャーのように楽しみの強いものから健康増進や疾病予防のような医療的要素に近いものまでと幅がある[23]。

　第3に，文化に関連する観光形態には，文化観光と産業観光がある。文化観光とは，日本の歴史や伝統といった文化的な要素に対する人々の知的欲求を満たそうとする旅行である。訪日外国人旅行者を対象に，わが国の歴史や伝統といった，今日に生きる文化をわかりやすく伝える工夫を通じて，異文化の相互理解を深めていくことも文化観光では試みられている。一方の産業観光とは，歴史的・文化的な価値をもつ工場などやその遺構，機械器具，最先端の技術を備えた工場など，すなわち産業文化財，生産現場，産業製品を観光対象とした旅行である。そこでは産業的観光資源を見学・体験・学習しようとする観光者

---

23)　ヘルス・ツーリズムの詳細は，羽生正宗『ヘルスツーリズム概論－観光立国推進戦略－』日本評論社，2011年を参照されたい。

とその受入先との人的交流による地域活性化が期待されている[24]。

ニュー・ツーリズムでは，記憶に残るさまざまな出来事を経験したいという観光者の必要・欲求を充足する旅行商品の造成が，着地側の観光事業従事者と住民に求められている。したがって，ニュー・ツーリズムでは，観光事業従事者と住民がその場所固有の文化資本（現実の場所）を発掘・修得・改善・継承すること，および観光者の必要・欲求（理想の場所）を確認することが重要となる。現実の場所と理想の場所との間にある不整合を創造的に埋め合わせることで，その場所のイメージを観光者が膨らませられるからである。つまり，着地側の観光事業従事者と住民は次の2点に留意しなければならない。すなわち，場所に固有の文化資本に関連づけられた資源を活用すること，および観光者の経験を演出する総合プロデュース力を開発することである[25]。

第3節　ニュー・ツーリズムと内発的発展

ニュー・ツーリズム（着地型観光）では，場所ごとに観光者の経験を演出する総合プロデュース力が求められる。それゆえ，住民はプロデュース対象，すなわち自己や生活領域の場所を客観的に認識しなければならない。だが，場所（S）は媒介のない状態では自らを外部から認識できない（図表8－2）[26]。一方で，発地（観光者）（A）からは，その場所について認識できる。つまり，場所は発地（観光者）からすでに対象化されているにもかかわらず，自身について完全に知りえていない主体，すなわち実現されていない主体といえる。

そこで，発地（観光者）の世界の一角に場所（S）を映す鏡をおいてみよう。

---

24) 産業観光の詳細は，須田寛『新産業観光』交通新聞社，2009年を参照されたい。
25) 経験の演出については以下を参照されたい。PineⅡ, B. J. and J.H.Gilmore, *The Experience Economy*, Boston：Harvard Business School Press, 1999, pp.163－183（岡本慶一・小髙尚子邦訳『新訳　経験経済－脱コモディティ化のマーケティング戦略－』ダイヤモンド社，2005年，174－205頁）．
26) 図表8－2は，ラカン（J. Lacan）のシェーマ£に依拠している。

図表8-2　着地型観光の構造と文化資本

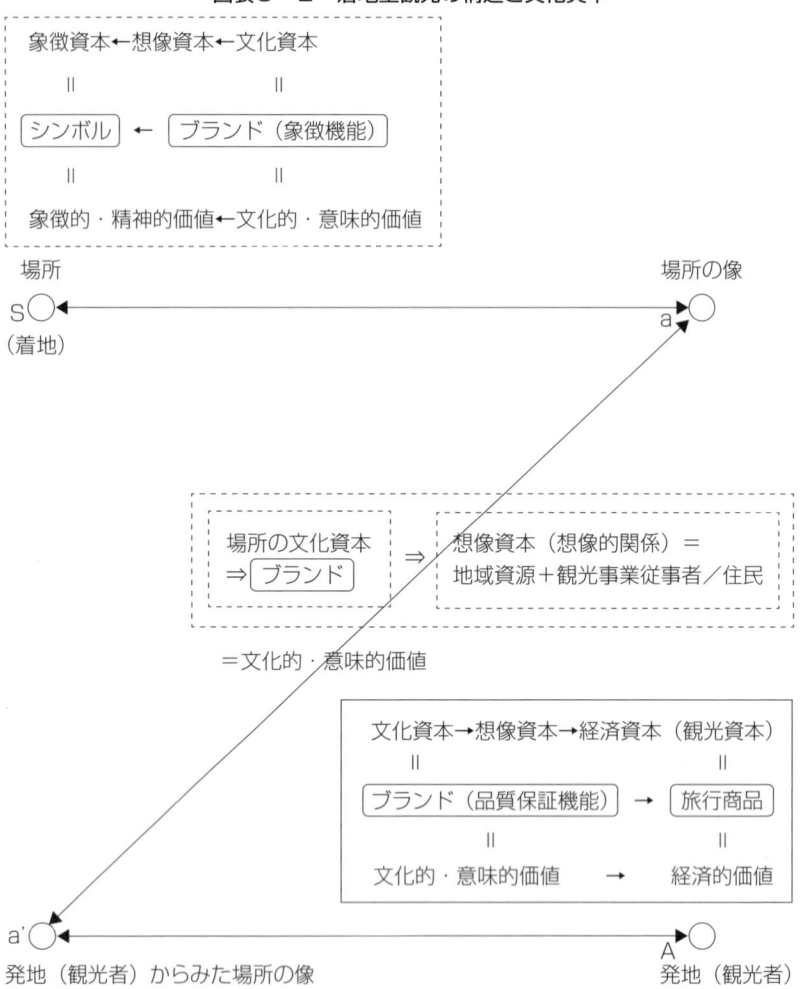

```
象徴資本←想像資本←文化資本
   ‖           ‖
 シンボル  ←  ブランド（象徴機能）
   ‖           ‖
象徴的・精神的価値←文化的・意味的価値
```

場所　　　　　　　　　　　　　　　　場所の像
S○←――――――――――――――――○a
（着地）

```
場所の文化資本        想像資本（想像的関係）＝
⇒ ブランド    ⇒    地域資源＋観光事業従事者／住民
```

＝文化的・意味的価値

```
文化資本→想像資本→経済資本（観光資本）
   ‖           ‖            ‖
 ブランド（品質保証機能） → 旅行商品
   ‖           ‖
文化的・意味的価値  →  経済的価値
```

a'○←――――――――――――――――○A
発地（観光者）からみた場所の像　　　発地（観光者）

(出所)　Lacan, J., *Écrits*, Paris：Éditions du Seuil,, 1966, pp.548-549（佐々木孝次ほか邦訳『エクリⅡ』弘文堂，1977年，312頁），Dor, J., *Introduction à la lecture de Lacan*, Paris：Éditions Denoël, 1985, pp.155-165（小出浩之邦訳『ラカン読解入門』岩波書店，1989年，135-145頁），山本哲士『文化資本論―超企業・超制度革命にむけて―』新曜社，1999年，18頁，福原義春・文化資本研究会『文化資本の経営』ダイヤモンド社，1999年，144頁，および鳥居直隆監修『強いブランドの開発と育成―カテゴリーNo.1を実現する戦略―』ダイヤモンド社，2000年，8頁を参考に筆者作成。

第8章　観光事業と内発的発展

鏡は物理的な鏡以外に，例えば場所（S）を模写した航空写真でもよい。この鏡という媒介項に場所（S）が映し出された時，Sは自分に類似した他者の像（a）を獲得する。そして，aの中に想像的な自分の像（a'）を認識する。Sとa'との関係は，aに依拠しているし，Sとaとの関係はa'に依拠している。つまり，Sは想像的関係（a−a'）の仲介を受けていて，現実と隔離されている。そこで場所の中の想像的な自分の像（a'）を現実のもの（a）とするためには，他者（A）とのコミュニケーション（社会関係資本）が必要となる[27]。

コミュニケーションを成立させるためには，すでに観光者（A）が認識している場所の像（a'）−観光者の必要・欲求−を言語という社会秩序（規範）を介して獲得するしかない。つまり，自他混合の想像的関係が言語（規範）によって枠づけられ，社会秩序化されなければならない。そうすると，主体（S）が想像的関係を抜け出し，観光者（A）の象徴（言葉）の世界に入れるからである[28]。それゆえ，現実的なもの（a）が想像的関係を介して想像的なもの（a'）となる一方で，想像的なもの（a'）が規範を介して現実的なもの（a）を生み出す[29]。想像的関係は想像の世界にあるものを可視化していく点で，つまり想像的なものを現実的なものとする点において想像資本といえる。

さて，想像資本は文化資本[30]の力によって象徴資本（S）へと転化していく。象徴資本は地域資源（図表8−3・4），観光事業従事者や住民の存在する空間に実体として想像資本から分化したものである。なぜなら，そもそも鏡（想像資本）には鏡像と実体の両方が一緒に映し出されていたからである[31]。

ここで象徴資本とは，他人に感謝され，尊敬されるもの，すなわち信頼を介

---

27) 社会関係資本とは，個人がさまざまな集団に属することから得られる人と人とのつながりのことである。特に，そのつながりから何らかの利益を個人が獲得する場合に使用される。
28) 向井雅明『ラカン対ラカン』金剛出版，1988年，11−17頁。小笠原晋也『ジャック・ラカンの書−その説明のひとつの試み−』金剛出版，1989年，60−61頁。
29) 佐々木孝次『ラカンの世界』弘文堂，1984年，23頁。
30) 文化資本とは，文化を動かす中心的な力であり，社会生活を営むうえでの関係を構築する契機として作用する概念である。
31) 新宮一成『ラカンの精神分析』講談社，1995年，206頁。

して集団に対する精神的支配力を獲得できる資本を意味する。したがって，象徴資本は支持者や関係者とのつながりという社会関係資本を維持・拡大できるならば，象徴資本の保有者に金銭をもたらしうる。つまり，象徴資本が集団から信頼されている限り，象徴資本は経済資本に転化できる。それゆえ，象徴資本には市場から資金を引き出す力がある[32]。

一方，想像資本は文化資本の力によって経済資本（A）にも転化していく。経済資本は想像資本から実体として分離したものといえる。なぜなら，経済資本は想像資本（a－a'）を介して象徴資本と対関係，すなわち経済資本は文化資本と想像資本を介して象徴資本とつながっていたからである。したがって，文化資本，想像資本，象徴資本，社会関係資本，経済資本はそれぞれ交換可能である。だが，それぞれの資本，例えば文化資本ならばそれを生み出した特殊な条件においてのみ，文化資本に固有な効果を発揮する点に留意しなければならない[33]。

発地（A）からみた場所の像（a'）における地域資源を素材に造成される旅行商品（経済資本＝観光資本）は，その場所のいかなる資源に着目するのかによって，あるいは，どのような文化資本（身体化された文化資本，客体化された文化資本，制度化された文化資本）に力点をおくのかによって，複数造成できる。つまり，旅行商品の造成に際しては，商品（コンテンツ）よりも，場所の想像資本（a－a'）に反映されている文化資本に留意しなくてはならない。これは旅行商品を経済生産ではなく文化生産（想像的生産）の観点から，すなわち文化資本（コンテクスト）の視点から認識する必要があることを意味する[34]。

これまでのマス・ツーリズム（発地主導型観光）では，発地の観光産業（旅行業と交通業）が，自身からみた場所の像（a'）を観光者の必要・欲求と重ね合

---

32) Bourdieu, P., *Le sens pratique*, Paris：Les Éditions de Minuit, 1980, chapitre 7 （今村仁司・港道隆邦訳『実践感覚Ⅰ』みすず書房，1988年，第7章）.
33) *Ibid.*, p. 209-210 （同上邦訳書，203-204頁）.
34) 山本哲士『文化資本論－超企業・超制度革命へむけて－』新曜社，1999年，86-128頁。福原義春・文化資本研究会『文化資本の経営』ダイヤモンド社，1999年，144-145頁。

わせながら旅行商品として造成し，店頭やパンフレットなどの多様な流通チャネルを通じて観光者に販売していた。それゆえ，観光地における観光資源，地元の観光事業従事者や住民と観光者との関係が間接的に形成されていた。これは着地側の文化資本が歪められて観光者に受信される危惧と，地元への経済波及効果や利益の分配が制約される可能性を含んでいた。

図表8-3 地域資源の分類

資　源	内　容	観光対象
人　財	人，出会い，交流，体験，創作，知財	ひ　と
歴史・文化	伝統文化，行祭事，イベント，生活文化，史跡，社寺	も　の
産　業	既存産業，企業，技術，生産物，特産品	産　業
自然・環境	自然，景観，都市空間，農林空間，水，動植物	環　境
活　動	アミューズメント，飲食，ショッピング，遊び，スポーツ，ボランティア	こ　と
都市機能	都市施設，文化施設，レジャー施設，知的施設	都　市

（出所）　金井萬造「着地型観光と地域資源の活用」尾家建生・金井萬造編『これでわかる！着地型観光－地域が主役のツーリズム－』学芸出版社，2008年，20頁を一部修正。

図表8-4 地域資源の構成

観光対象	着目する資源内容	環境条件	着地側の条件
ひ　と	地域の文化を語れる人	自然(空間)	美しい景観
も　の	祭事と生活文化の関係を知る	生　業	伝統的な技法で仕事を持続
こ　と	学び，交流・創造する活動	基盤(機能)	発表・交流・展示・会議の施設

（出所）　図表8-3に同じ。

一方，1990年代から登場してきたニュー・ツーリズムでは，地元の観光事業従事者や住民が自らの文化資本を基礎に想像資本（a－a'）から旅行商品を造成し，観光者に向けて販売している。つまり，地元の観光事業従事者や住民が地域資源を活用しながら旅行商品の造成・販売へ直接的に関与している。したがって，着地側の文化資本が自発的に観光者へ向けて発信できるだけでなく，経済波及効果や利益の分配に関する制度設計においても，地元の観光事業従事者や住民が主導権を握れる効果を創出する。いずれにしてもニュー・ツーリズ

ムの旅行商品造成においては，場所の像（a）と，発地（A）からみた場所の像（a'）という想像資本（a‑a'）を基軸とする想像的生産が重要になっている。だが，そもそも想像的生産に力を与えてくれるものは，場所の文化資本とこれを反映した地域資源，地元の観光事業従事者や住民であった。それゆえ，場所の文化資本と想像資本についての研鑽の程度がニュー・ツーリズム成功の分水嶺となる。

ニュー・ツーリズムの観光者はその場所に固有な自然・社会・文化の体験を望んでいる。そこで特に地域の文化を核にまちづくりをすると，需給双方の整合性が図れる。その場所の自然と社会によって育まれた地域の文化は，住民の身体化された文化資本，客体化された文化資本，および制度化された文化資本として反映されているからである。それゆえ，例えば国内外で人気のある和食を素材として，日本人や訪日外国人旅行者を日本各地に誘引できると考えられる。箸や器の使い方，味噌や醤油，日本酒の種類，調理法や配膳法などに地域の文化が投影されているからである。さらに，場所の文化資本が観光者の想像する水準以上であれば，観光者満足も一層高まっていく。

地域の文化を象徴する資源，すなわち地域資源としては，郷土料理の調理や試食，農作業体験，地引網体験，植樹体験，祭事への参加，世界遺産見学などが挙げられる。その際，観光者の享受能力，すなわち身体化された文化資本に合わせて，ひと，もの，こと，産業，自然・環境，活動，都市機能などといった地域資源を着地側で厳選するならば，観光者の経験価値を大きくできる。こうして場所の文化資本を基軸にすれば，それは希少な観光資源となれる。

そのため，少数の意思決定者による観光開発よりも開発の場所で生活している住民の手による内発的発展のほうが重要となる。これは世代間における地域文化の継承，すなわち文化資本の地域内蓄積にも寄与する。実際に，地域内の連携強化，まちづくり事業の一環として，まちづくり会社（TMO）[35]，まちづ

---

35) 1998年7月に施行され，2006年6月に改正された中心市街地の活性化に関する法律（通称：中心市街地活性化法）で認定されたTMO（Town Management Organization）に依拠する特定会社のこと。

くりNPO[36]，道の駅運営管理者[37]を設立し，ニュー・ツーリズムへ取り組み始めている地域がある。まちづくりからニュー・ツーリズムへという流れである。一方，地元の宿泊業が旅行商品の差別化を目的に旅行業の資格を取得し，地域資源の新たな価値を旅行商品に付加している事例もある。マス・ツーリズムからニュー・ツーリズムへという流れである。この他，観光協会[38]をニュー・ツーリズムの事業主体として位置づけ，収益事業を目指す事例もある[39]。

このようにニュー・ツーリズムは内発的発展の手法と整合性をもつ。そこで内発的発展の特徴をまとめると，次の通りになる。すなわち，第1に大企業や政府（国や地方自治体）による開発ではなく，地元の技術・産業・文化を基礎にした地域市場の発展と，住民による学習・計画・経営を基礎とする開発であること，第2に環境保全やアメニティの重視，福祉や文化の向上を通じて住民の生活の質を高めていること，第3に公平性・公正性に鑑み，地域内に利益が分配できるように多様な産業連関構造を構築していること，第4に住民参加を制度化し，住民の要求によって地方自治体が資本や土地所有を公的に規制できる自治権を確立していること，以上4点である[40]。

ただし，ニュー・ツーリズムが展開される場所には，一般住民と地元の観光事業から成る2重構造がある。自然成長的な内発的発展の一環としてニュー・ツーリズムに取り組むならば，観光事業に携わらない住民の理解を得やすいであろう。だが，ニュー・ツーリズムの深耕のために内発的発展を利用するならば，住民の合意が欠かせない。観光政策の強制力と住民の内発性というベク

---

36) 1998年12月に施行の特定非営利活動促進法に依拠し，まちづくりを推進する団体のこと。
37) 2003年9月から始まった公的施設の指定管理者制度に基づく指定管理者として，道の駅の運営に携わる団体のこと。
38) 市町村の観光産業や観光関連企業による法人団体のこと。事務局を単独で設置する場合と行政の商工観光課などに併設する場合がある。
39) 高田剛司「着地型観光の事業主体」尾家建生・金井萬造編『これでわかる！着地型観光－地域が主役のツーリズム－』学芸出版社，2008年，36-53頁。
40) 宮本憲一『新版 環境経済学』岩波書店，2007年，318-323頁。

トルは相反するからである．すなわち，政策としての内発的発展には矛盾があるからである．しかし，この矛盾こそが発展の原動力となる[41]．それゆえ，ニュー・ツーリズムを導入・普及するために内発的発展の手法が観光政策として採用されるならば，住民は自らの文化資本を自発的に発掘・修得・改善・継承し，「住んでよし，訪れてよしのまちづくり」に向けて尽力しなければならない．

こうした動向と並行して，2000年代以降になると，共通のライフスタイルや価値観をもつ者同士が，双方向性の情報インフラ上に仮想コミュニティを形成し，観光情報を外部に発信する生産者となるだけでなく，自身がその情報に動機づけられた観光者にもなるプロシューマー（prosumer）として出現してきている[42]．これは次世代ツーリズム（旅人主導型観光）と呼ばれている．

次世代ツーリズムの特徴として，第1に観光事業従事者や住民ではなく，ファン（観光者）が地域資源を発見し価値を創出していること，第2に双方向性の情報インフラ上の口コミでその地域資源に人が集まること，第3に双方向性の情報インフラを通じてファンの意見が地域資源を有する住民に届くこと，第4にファンが着地型旅行商品の開発者になっていることが挙げられる[43]．

一方で，次世代ツーリズムの観光行動と整合性を図る動きもある．すなわち，着地側の地方自治体，観光事業従事者や住民が場所の文化資本を基軸とする地域資源をコンテンツとしてアニメ作品や映画に使用すること，訪れたファン（観光者）と住民が交流することが試みられている．そこでは場所がコンテンツ（商品）からコンテクスト（文化資本・社会関係資本）に転じられている．そ

---

41) 鶴見和子『内発的発展論の展開』筑摩書房，1996年，27頁．
42) プロシューマーとは，生産者と消費者を組み合わせた造語で，自ら生産にかかわるようになった消費者のことを意味する（Toffler, A., *The Third Wave*, New York: Bantam Books, 1980, pp.265-288, 徳岡孝夫監訳『第三の波』中央公論社，1982年，352-380頁．）．
43) 石森秀三・山村高淑「情報社会における観光革命－文明史的に見た観光のグローバルトレンド－」『JACIC情報』通巻第94号（第24巻第2号），2009年7月，5-17頁．

第8章　観光事業と内発的発展

れゆえ，次世代ツーリズムはニュー・ツーリズムと同様に内発的発展と結びつく可能性がある。ただし，第1に場所の文化資本を起点とするコンテンツを介した観光まちづくりに住民が合意すること，第2にそのコンテンツが特定企業の採算性ではなく公益性・公平性の観点から製作されること，第3に実際に訪れたファンと住民との交流の場が設定されること，これらが要となる[44]。

現在，ニュー・ツーリズムが観光事業において徐々にその地位を確立しつつある。しかし，依然として，マス・ツーリズムが勢力をもっている。集客力に差があるからである。マス・ツーリズムでは大都市から送客できる強みを生かした旅行商品の造成が行なわれている一方で，ニュー・ツーリズムにはその強みを活用する仕組みが十分に構築されていないからである。そのため，ニュー・ツーリズムは，観光者を受入れる地域社会に大きな利益をもたらしていない。逆に採算ベースに乗せることが困難な状況も発生している。

そこで，ニュー・ツーリズムに採算性を求めるのか，あるいは採算性ではなく本業を補完する役割を求めるのかという2つの立場が出てくる。採算性を求めるのであれば，ランド・オペレーター的機能を地元の旅行業に付加すると効果がある[45]。すなわち，地域資源の手配に地元の観光産業や観光関連産業を利用できるだけでなく，自社旅行商品の販売もできる。それゆえ，経済波及効果が期待できる。また大手旅行業者の発注先としても機能するので，販路拡大の機会が増す。特に，大手旅行業者が手配できない地域資源を手配内容に組み込めれば，着地側が主導権を握れる可能性が高まる。その一方で，採算性を求めなければ，本業（例えば宿泊業）の集客増大を補完するものとしてニュー・ツー

---

44) 山村高淑『アニメ・マンガで地域振興－まちのファンを生むコンテンツツーリズム開発法－』東京法令出版，2011年，55－68頁。
45) それは第3種旅行業や地域限定旅行業に相当する。詳しくは，齋藤明子「地域のショールーム～『地域旅』をつくる」佐藤喜子光・椎川忍編『地域旅で地域力創造－観光振興とIT活用のポイント－』学芸出版社，2011年，40－66頁を参照されたい。なお，ランド・オペレーターとは，着地側におけるツアー内容のすべて－宿泊施設，食事場所，バスやレンタサイクル，観光資源や観光施設，交流イベントなど－を手配する旅行業の一形態である。ツアー・オペレーターとも呼ばれる。

リズムを位置づけるという考え方もある[46]。たとえ少人数でも，ニュー・ツーリズムの意義は発揮できるからである。

[46] この場合，宿泊業は観光圏内限定旅行業者代理業の資格を取得するとよい。高田剛司「着地型観光の事業主体」尾家・金井編，前掲『これでわかる！着地型観光』49-52頁。吉田春生『新しい観光の時代－観光政策・温泉・ニューツーリズム幻想－』原書房，2010年，255-276頁。

参 考 文 献

青井和夫『社会学原理』サイエンス社，1987年

阿岸祐幸『温泉の百科事典』丸善出版株式会社，2012年

浅羽良昌『国際観光論－図表で読みとく日本の現状と課題－』昭和堂，2011年

足羽洋保『観光資源論』中央経済社，1997年

飯田哲也『社会学の理論的挑戦』学文社，2004年

石井洋二郎『差異と欲望－ブルデュー『ディスタンクシオン』を読む－』藤原書店，1993年

稲垣勉『観光産業の知識』日本経済新聞社，1981年

井上萬壽蔵『観光教室』朝日新聞社，1957年

井上萬壽蔵『観光と観光事業』財団法人国際観光年記念行事協会，1967年

岩崎允胤『科学的認識と弁証法』梓出版，1979年

岩崎允胤・宮原将平『科学的認識の理論』大月書店，1976年

絵所秀紀『開発の政治経済学』日本評論社，1997年

NPO法人世界遺産アカデミー監修『すべてがわかる世界遺産大事典（上）（下）』マイナビ，2012年

尾家建生・金井萬造編『これでわかる！着地型観光－地域が主役のツーリズム－』学芸出版社，2008年

大谷禎之介『図解　社会経済学－資本主義とはどのような社会システムか－』桜井書店，2001

大橋昭一『観光の思想と理論』文眞堂，2010年

大橋昭一編『現代の観光とブランド』同文舘出版，2013年

小笠原晋也『ジャック・ラカンの書－その説明のひとつの試み－』金剛出版，1989年

岡田知弘・川瀬光義・鈴木誠・富樫幸一『第3版　国際化時代の地域経済学』有斐閣，2007年

岡本伸之『現代ホテル経営の基礎理論』柴田書店，1979年

岡本伸之編『観光学入門－ポスト・マス・ツーリズムの観光学－』有斐閣，2001年

岡本伸之編『観光経営学』朝倉書店，2013年

岡本義温・小林弘二・廣岡裕一編『新版　変化する旅行ビジネス－個性化時代の観光をになうハブ産業－』文理閣，2009年

小沢健市『観光の経済分析』文化書房博文社，1992年
大社充『地域プラットフォームによる観光まちづくり－マーケティングの導入と推進体制のマネジメント－』学芸出版社，2013年
尾高邦雄『現代の社会学』岩波書店，1958年
恩田守雄『開発社会学－理論と実践－』ミネルヴァ書房，2001年
角田修一編『社会経済学入門』大月書店，2003年
河村誠治『観光経済学の基礎』九州大学出版会，2000年
河村誠治『新版　観光経済学の原理と応用』九州大学出版会，2008年
菊池京子編『開発学を学ぶ人のために』世界思想社，2001年
木谷直俊『観光ビジネスの基礎』創成社，2013年
栗山浩一・庄子康編『環境と観光の経済評価－国立公園の維持と管理－』勁草書房，2005年
黒石晋『欲望するシステム』ミネルヴァ書房，2009年
黒田英雄『世界海運史』成山堂書店，1972年
公益財団法人日本交通公社編『観光地経営の視点と実践』丸善出版，2013年
公益財団法人日本交通公社監修『美しき日本－旅の風光－』JTBパブリッシング，2014年
上瀧陸生『必要と欲望・要求の理論（必要編）－豊かな生活のために－』文理閣，1993年
上瀧陸生『必要と欲望・要求の理論（欲望・要求編）－豊かな生活のために－』文理閣，1993年
小谷達男『観光事業論』学文社，1994年
小長谷一之・前川知史編『経済効果入門－地域活性化・企画立案・政策評価のツール－』日本評論社，2012年
財団法人日本交通公社社史編纂室『日本交通公社七十年史』株式会社日本交通公社，1982年
財団法人日本交通公社編『観光ビジネスの手引き』東洋経済新報社，1986年
財団法人日本交通公社調査部編『観光読本』東洋経済新報社，1994年
財団法人日本交通公社編『第2版　観光読本』東洋経済新報社，2004年
櫻川昌哉編『ツーリズム成長論』慶應義塾大学出版会，2013年
作古貞義『新版　ホテル事業論－事業化計画・固定投資戦略論－』柴田書店，2002年
佐々木孝次『ラカンの世界』弘文堂，1984年
佐々木土師二『旅行者行動の心理学』関西大学出版部，2000年

参 考 文 献

佐々木土師二『観光旅行の心理学』北大路書房，2007年
佐藤喜子光『観光を支える旅行ビジネス－次世代モデルを説く－』同友館，2002年
佐藤喜子光・椎川忍編『地域旅で地域力創造－観光振興とIT活用のポイント－』学芸
　　出版社，2011年
塩田正志『観光学研究Ⅰ・Ⅱ』学術選書，1975年，1999年
塩田正志・長谷政弘編『観光学』同文舘出版，1994年
篠原三代平・宮沢健一・水野正一『国民所得乗数論の拡充』有斐閣，1959年
白幡洋三郎『旅行ノススメ－昭和が生んだ庶民の「新文化」－』中央公論社，1996年
新宮一成『ラカンの精神分析』講談社，1995年
末武直義『観光論入門』法律文化社，1974年
末武直義『観光事業論』法律文化社，1984年
鈴木忠義・毛塚宏・永井護・渡辺貴介編『ケーススタディ　観光・レクリエーション計
　　画（土木工学体系30）』彰国社，1984年
鈴木忠義編『新版　現代観光論』有斐閣，1984年
鈴木博・大庭祺一郎『基本ホテル経営教本』柴田書店，1999年
須田寛『新産業観光』交通新聞社，2009年
高寺奎一郎『国際観光論－平和構築のためのグローバル戦略－』古今書院，2006年
武市健人・山本英一編『哲学原理』法律文化社，1960年
竹内芳郎『文化の理論のために－文化記号学への道－』岩波書店，1981年
竹下公視『現代の社会経済システム－社会システム論と制度論－』関西大学出版部，
　　2011年
田中喜一『観光事業論』観光事業研究会，1950年
津田昇『国際観光論』東洋経済新報社，1969年
鶴見和子『内発的発展論の展開』筑摩書房，1996年
鶴見和子・川田侃編『内発的発展論』東京大学出版会，1989年
寺前秀一『観光政策・制度入門』ぎょうせい，2006年
寺前秀一編『観光政策論』原書房，2009年
徳江順一郎『ホスピタリティ・マネジメント』同文舘出版，2012年
徳江順一郎『ホテル経営概論－トライアド・モデルでとらえるホスピタリティ産業－』
　　同文舘出版，2013年
徳江順一郎『ホテルと旅館の事業展開』創成社，2013年
都市観光を創る会監修『都市観光でまちづくり』学芸出版社，2003年
鳥居直隆監修『強いブランドの開発と育成－カテゴリーNo.1を実現する戦略－』ダイ

ヤモンド社, 2000年
西川芳昭『地域文化開発論』九州大学出版会, 2002年
西村幸夫編『観光まちづくり－まち自慢からはじまる地域マネジメント－』学芸出版社, 2009年
二宮厚美『現代資本主義と新自由主義の暴走』新日本出版社, 1999年
日本旅行百年史編纂室『日本旅行百年史』株式会社日本旅行, 2006年
根木昭・根木修・垣内恵美子・大塚利昭『田園の発見とその再生－「環境文化」の創造に向けて－』晃洋書房, 1999年
橋本和也『観光人類学の戦略－文化の売り方・売られ方－』世界思想社, 1999年
橋本俊哉編『観光行動論』原書房, 2013年
羽田耕治監修『地域振興と観光ビジネス』JTB能力開発, 2008年
羽生正宗『ヘルスツーリズム概論－観光立国推進戦略－』日本評論社, 2011年
早瀬利雄『現代社会学批判』新評論, 1972年
早瀬利雄・富士田富士雄・古沢友吉『社会科学の展開－経済学と社会学との交流をめざして－』関書院, 1958年
原勉・岡本伸之・稲垣勉『ホテル産業界』教育社, 1991年
ピエール・ブルデュー, 加藤晴久編『ピエール・ブルデュー－超領域の人間学－』藤原書店, 1990年
藤井秀登『交通論の祖型－関一研究－』八朔社, 2000年
藤井秀登『現代交通論の系譜と構造』税務経理協会, 2012年
福原義春・文化資本研究会『文化資本の経営』ダイヤモンド社, 1999年
堀川紀年・石井雄二・前田弘編『国際観光学を学ぶ人のために』世界思想社, 2003年
本城靖久『グランド・ツアー－良き時代の良き旅－』中央公論社, 1983年
本城靖久『トーマス・クックの旅』講談社, 1996年
本田喜代治『社会学入門』培風館, 1958年
前田勇『観光とサービスの心理学－観光行動学序説－』学文社, 1995年
前田勇編『観光概論』学文社, 1989年
前田勇編『第2版　現代観光総論』学文社, 1998年
前田勇編『改訂新版　現代観光総論』学文社, 2010年
前田勇・佐々木土師二監修『観光の社会心理学－ひと, こと, もの3つの視点から－』北大路書房, 2006年
松浦晃一郎『世界遺産－ユネスコ事務局長は訴える－』講談社, 2008年
松園俊志・森下晶美編『旅行業概論－新しい旅行業マネジメント－』同友館, 2012年

参考文献

間々田孝夫『行動理論の再構成-心理主義と客観主義を超えて-』福村出版，1991年
溝尾良隆『観光事業と経営-たのしみ列島の創造-』東洋経済新報社，1990年
溝尾良隆『観光学-基本と実践-』古今書院，2003年
溝尾良隆『観光学と景観』古今書院，2011年
溝尾良隆編『観光学の基礎』原書房，2009年
南博『体系 社会心理学』光文社，1957年
南博『行動理論史』岩波書店，1976年
南博『人間行動学』岩波書店，1980年
宮島喬『社会学原論』岩波書店，2012年
宮本憲一『新版 環境経済学』岩波書店，2007年
向井雅明『ラカン対ラカン』金剛出版，1988年
村岡實『日本のホテル小史』中央公論社，1981年
安村克己『社会学で読み解く観光-新時代をつくる社会現象-』学文社，2001年
安村克己・堀野正人・遠藤英樹・寺岡伸悟編『よくわかる観光社会学』ミネルヴァ書房，
　　2011年
山上徹編『国際観光マーケティング論』白桃書房，1997年
山村順次『観光地域論-地域形成と環境保全-』古今書院，1990年
山村高淑『アニメ・マンガで地域振興-まちのファンを生むコンテンツツーリズム開発
　　法-』東京法令出版，2011年
山本哲士『文化資本論-超企業・超制度革命にむけて-』新曜社，1999年
山本哲士『ホスピタリティ原論-哲学と経済の新設計-』文化科学高等研究院出版局，
　　2006年
山本哲士『増補版 ピエール・ブルデューの世界』三交社，2007年
除野信道『改訂版 観光社会経済学』古今書院，1985年
除野信道編『新・観光経済社会学』内外出版，1998年
吉田春生『観光と地域社会』ミネルヴァ書房，2006年
吉田春生『新しい観光の時代-観光政策・温泉・ニューツーリズム幻想-』原書房，
　　2010年

Ateljevic, I., N. Morgan and A. Pritchard (eds.), *The Critical Turn in Tourism Studies: Creating an Academy of Hope*, Abingdon: Routledge, 2011
Bennett, T., M. Savage, E. Silva, A. Warde, M. Gayo-Cal, and D. Wright, *Culture, Class, Distinction*, Oxon: Routledge, 2009

Bercker, T. C. and C. I. Savage, *An Economic History of Transport in Britain* (3rd edn), London：Hutchinson, 1974（大久保哲夫邦訳『英国交通経済史』泉文堂, 1978年）

Berger, P. L. and T. Luckmann, *The Social Construction of Reality*：*A Treatise in the Sociology of Knowledge*, New York：Anchor Books, 1966（山口節郎邦訳『現実の社会的構成 - 知識社会学論考 - 』新曜社, 2003年）

Bernecker, P., *Grundlagenlehre des Fremdenverkehrs*, Wien：Österreichischer Gewerbeverlag, 1962

Boorstin, D. J., *The Image*；*or, What Happened to the American Dream*, New York：Atheneum, 1962（星野郁美・後藤和彦邦訳『幻影の時代 - マスコミが製造する事実 - 』東京創元社, 1964年）

Bormann, A., *Die Lehre vom Fremdenverkehr*, Berlin：Verlag der Verkehrswissenschaftlichen Lehrmittelgesellschaft m. b. H., 1931（国際観光局邦訳『観光学概論』橘書院, 1981年）

Bourdieu, P., *Esquisse d'une théorie de la pratique*：*Précédé de trois études d'éthnologie Kabyle*, Genève：Librairie Droz, 1972

Bourdieu, P., *Outline of a Theory of Practice*, Nice, R. (tr.), Cambridge：Cambridge University Press, 1977

Bourdieu, P., *Algérie 60*：*Structures économiques et structures temporelles*, Paris：Les Édtitions de Minuit, 1977（原山哲邦訳『資本主義のハビトゥス - アルジェリアの矛盾 - 』藤原書店, 1993年）

Bourdieu, P., *La distinction*：*Critique sociale du jugement*, Paris：Les Éditions de Minuit, 1979（石井洋二郎邦訳『ディスタンクシオンⅠ・Ⅱ - 社会的判断力批判 - 』藤原書店, 1990年）

Bourdieu, P., *Le sens patique*, Paris：Les Éditions de Minuit, 1980（今村仁司・港道隆邦訳『実践感覚Ⅰ・Ⅱ』みすず書房, 1988年, 1990年）

Bourdieu, P., *Choses dites*, Paris：Les Éditions de Minuit, 1987（石崎晴己邦訳『構造と実践 - ブルデュー自身によるブルデュー - 』藤原書店, 1991年）

Brendon, P., *Thomas Cook*：*150 Years of Popular Tourism*, London：Secker & Warburg, 1991（石井昭夫邦訳『トマス・クック物語 - 近代ツーリズムの創始者 - 』中央公論社, 1995年）

Bull, A., *The Economics of Travel and Tourism* (2nd edn), Melbourne：Longman, 1995（諸江哲男ほか邦訳『旅行・観光の経済学』文化書房博文社, 1998年）

参考文献

Burns, P. M. and A. Holden, *Tourism : A New Perspective*, Harlow : Prentice Hall, 1995

Carter, O., *An Illustrated History of British Railway Hotels : 1838 – 1983*, Lancashire : Silver Link Publishig, 1990

Cooper, C. P. (ed.), *Progress in Tourism, Recreation and Hospitality Management*, Vol. 1, London : Belhaven Press, 1989

Cooper, C., J. Fletcher, A. Fyall, D. Gilbert and S. Wanhill, *Tourism : Principles and Practice* (4th edn), Harlow : Pearson Education, 2008

Derrida, J. et A. Dufourmantelle, *De l'hospitalite*, Paris : Calmann-Lévy, 1997（廣瀬浩司邦訳『歓待について−パリのゼミナールの記録−』産業図書, 1999年）

Dor, J., *Introduction à la lecture de Lacan*, Paris : Éditions Denoël, 1985（小出浩之邦訳『ラカン読解入門』岩波書店, 1989年）

Douglas, N., N. Douglas and R. Derrett (eds.), *Special Interest Tourism*, Sydney : Wiley, 2001

Engels, F., *Dialektik der Natur（1873 – 1882）: Karl Marx ／ Friedrich Engels Gesamtausgabe（MEGA）, Erste Abeteilung*, Band 26, Berlin : Dietz Verlag, 1985（秋間実・渋谷一夫邦訳『自然の弁証法』新日本出版社, 1999年）

Fennell, D., *Ecotourism* (3rd edn), London : Routledge, 2008

Glaister, S., J. Burnham, H. Stevens and T. Travers, *Transport Policy in Britain* (2nd edn), Hampshire : Palgrave Macmillan, 2006

Glücksmann, R., *Allgemeine Fremdenvekehrskunde*, Bern : Verlag von Stämpfli & Cie., 1935（国際観光局邦訳『観光事業概論』橘書院, 1981年）

Goeldner, C. R. and J.R.B Richie, *Tourism : Principles, Practices, Philosophies* (12th edn), John Willey & Sons, Inc., 2012

Gray, H. P., *International Travel : International Trade*, Lexington : D. C. Heath and Company, 1970

Grenfell, M. (ed.), *Pierre Bourdieu : Key Concepts* (2nd edn), Durham : Acumen, 2012

Hall, C. M., *Tourism Planning : Policies, Processes and Relationships* (2nd edn), Harlow : Pearson Education, 2008

Harker, R., C. Mahar, and C. Wikes (eds.), *An Introduction to the Work of Pierre Bourdieu : The Practice of Theory*, London : Macmillan, 1990（滝本往人・柳和樹邦訳『ブルデュー入門−理論のプラチック−』昭和堂, 1993）

Holden, A., *Tourism Studies and the Social Science*, London：Routledge, 2005
Holden, A., *Environment and Tourism* (2nd edn), Oxon：Routledge, 2008
Holloway, J. C., C. Humphreys and R. Davidson, *The Business of Tourism* (8th edn), Harlow：Prentice Hall, 2009
Hunziker, W. und K. Krapf, *Grundriss der Allgemeinen Fremdenverkehrslehre*, Zürich：Polygraphischer Verlag AG., 1942
Ingold, A., U. McMahon-Beattie and I. Yeoman (eds.), *Yield Management：Strategies for the Service Industries* (2nd edn), London：Thomson, 2000
Jocard, L.M., *Le tourism et l'action de l'état*, Paris：Berger-Levrault, 1966
Lacan, J., *Écrits*, Paris：Éditions du Seuil, 1966（佐々木孝次・芦原眷・海老原英彦・高橋徹・竹内迪也・早水洋太郎・宮本忠雄・三好暁光・邦訳『エクリⅠ・Ⅱ・Ⅲ』弘文堂, 1972年, 1977年, 1981年）
Lacan, J., *Le séminaire：D'un Autre à l'autre*, Livre XVI, Paris：Éditions du Seuil, 2006
Leontief, W., *Input-Output Economics*, New York：Oxford University Press, 1966
Lin, N., *Social Capital：A Theory of Social Structure and Action*, New York：Cambridge University Press, 2001（筒井淳也ほか邦訳『ソーシャル・キャピタル－社会構造と行為の理論－』ミネルヴァ書房, 2008年）
MacCannell, D., *The Tourist：A New Theory of the Leisure Class*, London：Macmillan, 1976（安村克己ほか邦訳『ザ・ツーリスト－高度近代社会の構造分析－』学文社, 2012年）
Mak, J., *Tourism and the Economy:Understanding the Economics of Thourism*, Honolulu：University of Hawai'i Press, 2004（瀧口治・藤井大司郎監訳『観光経済学入門』日本評論社, 2005年）
Mariotti, A., *Lezioni di economia turistica*, Roma：Poligrafico della S. A., Edizioni Tiber, 1927（国際観光局邦訳『観光経済学講義』橘書院, 1981年）
Mill, R. C. and A. M. Morrison, *The Tourism System* (6th edn), Dubuque：Kendhall Hunt, 2009
Murphy, P.E., *Tourism：A Community Approach*, Oxon：Routledge, 1985（大橋泰二監訳『観光のコミュニティ・アプローチ』青山社, 1996年）
Page, S. J. and J. Connell, *Tourism：A Modern Synthesis* (3rd edn), Hampshire：Cengage Learning EMEA, 2009
Pearce, D. G. and R. W. Butler, *Tourism Research：Critiques and Challenges*,

London：Routledge, 1993（安村克己監訳『観光研究の批判的挑戦』青山社, 1995年）

Pender, L. and R. Sharpley (eds.), *The Management of Tourism*, London：SAGE Publications, 2005

Peyer, H. C., *Von der Gastfreundschaft zum Gasthaus：Studien zur Gastlichkeit im Mittelalter*, Hannover：Verlag Hahnsche Buchhandlung, 1987（岩井隆夫邦訳『異人歓待の歴史－中世ヨーロッパにおける客人厚遇, 居酒屋そして宿屋－』ハーベスト社, 1997年）

Piaget, J., *The Place of the Sciences of Man in the System of Sciences*, New York：Harper & Row, 1974（波多野完治邦訳『人間科学序説』岩波書店, 1976年）

Pine II, B. J. and J. H. Gilmore, *The Experience Economy*, Boston：Harvard Business School Press, 1999（岡本慶一・小髙尚子邦訳『新訳 経験経済－脱コモディティ化のマーケティング戦略－』ダイヤモンド社, 2005年）

Pizam, A. and Y. Mansfeld (eds.), *Consumer Behavior in Travel and Tourism*, New York：Routledge, 2000

Poon, A., *Tourism, Technology and Competitive Strategies*, Wallingford：CAB International, 1993

Reijnders, S., *Places of the Imagination：Media, Tourism, Culture*, Surrey：Ashgate, 2011

Robinson, P., M. Lück and S. L. J. Smith, *Tourism*, Wallingford：CAB International, 2013

Rossi, I., *From the Sociology of Symbols to the Sociology of Signs：Toward a Dialectical Sociology*, New York：Columbia University Press, 1983（下田直春ほか邦訳『弁証法的構造社会学の探求－象徴社会学から記号社会学へ－』勁草書房, 1989年）

Ruskin, J., *Munera Pulveris：Six Essays on the Elements of Political Economy*, London：Smith, Elder & Co., 1872（木村正身邦訳『ムネラ・プルウェリス－政治経済要義論－』関書院, 1958年）

Sahlins, M., *Culture and Practical Reason*, London：The University of Chicago Press, 1976（山内昶邦訳『人類学と文化記号論－文化と実践理性－』法政大学出版会, 1987年）

Sharpley, R., *Travel and Tourism*, London：SAGE Publications, 2006

Sharpley, R., *Tourism Development and the Environment：Beyond Sustainability?*,

London: Earthscan, 2009

Sharpley, R. and D.J. Telfer (eds.), *Tourism and Development: Concepts and Issues*, Clevedon: Channel View Publications, 2002

Sharpley, R. (ed.), *The Tourism Business: An Introduction*, Sunderland: Business Education Publishers, 2002

Silva, E. and A. Warde (eds.), *Cultural Analysis and Bourdieu's Legacy: Setting Accounts and Developing Alternatives*, Oxon: Routledge, 2010

Simmons, J. and R. Thorne, *St Pancras Station*, London: Historical Publications, 2012

Smith, V. L. and M. Brent (eds.), *Hosts and Guests Revisited: Tourism Issues of the 21st Century*, New York: Cognizant, 2001

Swartz, D., *Culture & Power: The Sociology of Pierre Bourdieu*, Chicago: The University of Chicago Press, 1997

The World Commission on Environment and Development, *Our Common Future*, Oxford: Oxford University Press, 1987

Throsby, D., *Economics and Culture*, Cambridge: Cambridge University Press, 2001（中谷武雄・後藤和子『文化経済学入門－創造性の探究から都市再生まで－』日本経済新聞社, 2002年）

Todaro, M. P. and S.C. Smith, *Economic Development* (11th edn), Harlow: Longman, 2011

Toffler, A., *The Third Wave*, New York: Bantam Books, 1980（徳岡孝夫監訳『第三の波』中央公論社, 1982年）

Urry, J., *The Tourist Gaze: Leisure and Travel in Comtemporary Societies*, London: Sage, 1990（加太宏邦訳『観光のまなざし－現代社会におけるレジャーと旅行－』法政大学出版局, 1995年）

Urry, J., *Consuming Places*, London: Routledge, 1995（吉原直樹・大澤善信監訳『場所を消費する』法政大学出版局, 2003年）

Wall, G. and A. Mathieson, *Tourism: Change, Impacts and Opportunities*, Harlow: Pearson Education, 2006

Weiler, B. and C. M. Hall (eds.), *Special Interest Tourism*, London: Belhaven Press, 1992

Withey, L., *Grand Tours and Cook's Tours: A History of Leisure and Travel, 1750 to 1915*, New York: William Morrow and Company, 1997

索　引

【あ行】

アロセントリック ……………………… 48
ANTA（全国旅行業協会）…………… 133
イェルサレム …………………………… 33
伊勢詣 …………………………………… 34
1次交通 ………………………… 55,118,119
イメージ ……………………… 41,42,56
インターディシプリナリ研究 ……… 14,15
ウイルソン（K. Wilson）…………… 127
営業保証金 …………………………… 132
エコ・ツーリズム …………………… 161
エンゲルス（F. Engels）……………… 17
オールタナティブ・ツーリズム
　………………………… 13,14,157,159
温泉法 ………………………………… 146

【か行】

開発利益の内部化 …………………… 122
開発利益の分配 ……………………… 149
開発理論の系譜 ……………………… 153
外部効果 ……………………………… 99
外部情報探索 ………………………… 54
外来型開発 …………………………… 148
価値法則 …………………………… 17,99
カルチュラル・ブローカー …………… 66
環境アセスメント ………………… 142,150
観光 ………………………… 3,25,29,30,64
観光開発
　… 137,143,147,149,151,153,157,168
観光学 …………………………………… 4

観光客体 ……………………………… 61
観光交通 ……………………………… 118
観光行動
　……… 41,43,45,47,51,59,100,106,123
観光産業 ……………………… 60-62,113-116
観光事業 ……………………… 3,18,60,70
観光事業の目的 …………………… 59,61
観光資源 …… 62,81,84,91,102-106,115,
　　　　137,138,142-144,149,167
観光資源の評価基準 ………………… 143
観光資本の価値増殖 ………………… 107
観光施設 ………… 62,70,83,102-106,115
観光資本 …………………………… 21,23
観光資本の運動 ……………………… 21
観光者満足 ………………………… 45,115
観光収入 ……………………………… 72
観光主体 ……………………………… 61
観光需要の価格弾力性 ……………… 117
観光需要の所得弾力性 ……………… 118
観光乗数 ……………………………… 73
観光乗数の理論 ……………………… 74
観光消費 …………………………… 70-72
観光情報 …………………… 43,53,56,67
観光対象 …… 82,102,103,118,120,143,147
観光地 ………………… 102,104,118,137-140
観光庁 ………………………………… 161
観光の経済的効果 …………………… 70
観光の原因 …………………………… 6,7
観光の効用 ………………………… 3,59,61
観光の社会的・文化的効果 …………… 63
観光の定義 ………………………… 25,29

183

観光媒体 …………………………… 61	公共性 …………………………… 139
観光欲求・動機 ………… 43-45, 47, 120	交通業 …………………… 113, 118
観光労働 …………………… 70, 106	五街道 …………………………… 34
観光論 ………………………………… 4	国際観光収支 …………………… 71
鑑賞型観光資源 ………… 85, 87, 144	国際親善効果 …………………… 69
危機遺産 …………………………… 95	コモンズの悲劇 ………………… 140
規制緩和 …………………… 159, 161	固有価値 …………………… 68, 151
規模の経済 ………………… 122, 126	**【さ行】**
客体化された文化資本 … 50, 120, 123, 168	
教育効果 …………………………… 67	サイコセントリック ……………… 48
狭義の観光 ………………… 25, 26, 29	再生産の技術的法則性 ………… 108
業務提携方式 …………………… 128	サステイナブル・ツーリズム
共有地の悲劇 …………………… 140	………………… 13, 14, 158, 159
近代化論 ………………………… 154	サブ・サービス ………………… 107
口コミ ………………… 9, 45, 53, 106	産業革命 …………………………… 36
クック（T. Cook） ……… 37, 39, 129	産業観光 ………………… 91, 162
熊野信仰 …………………………… 34	産業的観光資源 ………… 90, 145
グランド・ツアー ……………… 35, 38	産業連関分析 ………………… 76, 77
グリーン・ツーリズム …………… 161	産業連関モデル ………………… 77
グリュックスマン（R. Glücksmann）	サンチャゴ・デ・コンポステラ … 34
……………………………… 6, 26	塩田正志 …………………………… 29
計画型観光地 …………………… 149	市場価格 ………………………… 101
警告の土台（負） ……………… 10, 12	次世代ツーリズム ………… 170, 171
経済外的効果 …………………… 59, 61	自然観光資源
経済財 …………………………… 142	…… 82, 84, 86, 87, 103, 137, 143, 145, 160
経済資本 ……………… 106, 110, 166	自然公園法 ………………… 146, 160
経済的価値 ………… 98, 107, 108, 141	自然発生型観光地 ……………… 149
経済的効果 …………………… 59, 61	持続可能な開発 ………… 156, 158
経済波及効果 ……… 75, 160, 167, 171	社会関係資本 ………… 165, 166, 170
ケインズ（J. M. Keynes） ……… 74	社会経済学 ………………… 17, 18, 99
顕著な普遍的価値 ……………… 92, 93	社会的観光資源 ………………… 89
交換価値 ………… 21, 22, 98, 107	JATA（日本旅行業協会） ……… 133
広義の観光 ………………… 26, 30	ジャファリ（J. Jafari） ………… 11
公共財 …………………… 140, 141	ジャラミロ（N. E. Jaramillo） …… 16

従属論 …………………………………… 155
住宅宿泊事業法 ……………………… 126
宿泊業 ……………………………… 113, 123
準公共財（共有財）……………… 139-140
準公共財（クラブ財）……………… 139
使用価値 …………………… 21, 22, 98
乗数効果 ……………………………… 141
乗数モデル …………………………… 77
乗数理論 ……………………………… 74, 76
象徴資本 ………………… 106, 165, 166
所得創出効果 ………………………… 72
所有直営方式 ………………………… 127
新古典派経済学 ……………………… 19
新自由主義 …………………… 19, 155
身体化された文化資本
　……… 49, 51, 110, 120, 123, 134, 151, 168
人文観光資源・82-84, 86, 103, 137, 143, 145
末武直義 ……………………………… 29
スタットラー（E. M. Statler）……… 127
ストックトン・ダーリントン鉄道 …… 36
スペシャル・インタレスト・
　ツーリズム ………………………… 157
スポーツ型観光資源 ………………… 85
生活交通 ……………………………… 118
税収（租税）効果 ……………………… 73
制度化された文化資本 ……… 50, 120, 168
世界遺産 ……………………………… 91
世界遺産委員会 ……………………… 95
世界遺産条約 ………………………… 92, 94
世界遺産リスト ……………… 92, 93, 95
世界観光機関（UNWTO）…………… 28
総合保養地域整備法
　（通称：リゾート法）……………… 159
想像資本 ……………………… 165, 168

即時財 ………………………… 98, 119

【た行】

第1種旅行業 ………………………… 132
第2種旅行業 ………………………… 132
第3種旅行業 ………………………… 132
第3セクター ………………………… 148
第3セクター方式 …………………… 160
第4次全国総合開発計画
　（四全総）………………………… 159
滞在型観光資源 ……………… 85, 144
ダイナミック・パッケージ ………… 97
タベルナ ……………………………… 31
単品商品 …………………… 97, 134
地域限定旅行業 ……………………… 132
地域資源 …………………… 167, 171
地域乗数モデル ……………………… 79
知識ベースの土台（理由）……… 10, 13
長期滞在型観光 ……………………… 162
ツアー・オペレーター ……………… 134
適正の土台（方法）……………… 10, 12
電子商取引 ………………… 22, 97, 135
伝統文化 ……………………………… 149
登録ホテル・登録旅館 ……………… 126
トマス・クック社 …………………… 39

【な行】

内発的発展 ………… 23, 148, 168, 169, 170
内部情報探索 ………………………… 54
2次交通 …………………… 55, 118, 119
ニュー・ツーリズム（着地型観光）
　… 13, 71, 158, 160, 161, 163, 167-169, 171

【は行】

派生的需要 …………………………… 122
パッケージ・ツアー ………… 97,134,159
ハビトゥス …………………………… 49
パルテノン神殿 ……………………… 31
範囲の経済 …………………………… 122
ビジネス・トラベル・マネジメント
　（BTM）…………………………… 134
費用便益分析 ………………………… 142
付加価値 ……………………………… 141
プッシュ要因 ……………………… 44,47
フランチャイズ方式 ………………… 128
ブランド ……………………………… 129
フリー・ライダー（ただ乗り）
　……………………………… 99,140,142
ブルデュー（P. Bourdieu）………… 49
プル要因 ………………… 44,48,115,123
文化観光 ……………………………… 162
文化財保護法 ………………………… 146
文化資本　……… 21,47,49,106,111,135,
　　　　　　　　163,165,166,168,170
文化的観光資源 ……………………… 88
ヘーゲル（G. W. F. Hegel）………… 16
ヘルス・ツーリズム ………………… 162
ベルネッカー（P. Bernecker）……… 52
弁済業務保証金制度 ………………… 134
訪日外国人旅行者 …… 69,71,125,162,168
ホールセラー ………………………… 134
ボールマン（A. Bormann）………… 8,26
ホスピタリティ ……72,100,109,111,112
ホテル ………………………………… 37
ホテル・チェーン ………………… 127,129
保養型観光資源 …………………… 85,88

本源的需要 …………………………… 122
ボンド保証制度 ……………………… 134

【ま行】

マカダム工法 ………………………… 37
マクラーレン（P. McLaren）……… 16
マス・ツーリズム（発地主導型観光）
　…… 11,13,19,21,57,157,159,160,169
まちづくり ……………………… 152,168
マネジメント・コントラクト（運営
　受託・管理運営受託）方式 ……… 128
マリオッティ（A. Mariotti）……… 4,10
マルクス（K. Marx）……………… 17,76
マルチディシプリナリィ研究 ……… 14
ミドセントリック …………………… 48
南新助 ………………………………… 130
メッカ ………………………………… 33
メドサン（J. Medecin）……………… 27

【や行】

唯物論的弁証法 ………………… 15,18,26
擁護の土台（正）………………… 10,11
欲望 …………………………… 41,42,46,47
欲求 ……………………………… 42,46,47

【ら行】

ライフスタイル
　………… 90,109,129,149,151,152,158
ランド・オペレーター ……………… 133
リース方式 …………………………… 128
リゾート …………………………… 32,145
リゾート法 …………………………… 160
リッツ（C. Ritz）…………………… 38
リテーラー …………………………… 134

旅館業法 …………………………… 124
旅行斡旋業法 ……………………… 131
旅行業 ……………………… 113,130,134
旅行業者代理業者 ………………… 133
旅行業法 …………………………… 131
旅行業務取扱管理者 ……………… 133
旅行産業 …………………………… 113
旅行商品 …………… 21,97,100,101,106,
　　　　　　　　　107,115,130,134,167
ルネサンス ……………………… 33,35
レオンチェフ（W. Leontief) ………… 76

レクリエーション ………………… 150
レクリエーション効果 …………… 68
レクリエーション施設 ……… 137,138
レベニュー・マネジメント … 101,116,117
漏出 …………………………… 74,77,78
労働価値説 ………………………… 99
ローマ ……………………………… 33

【わ行】

ワルラス（L. Walras) ……………… 76

【著者略歴】

藤井　秀登（ふじい　ひでと）
　　1966年　埼玉県生まれ
　　1989年　立教大学経済学部卒業
　　1999年　明治大学大学院商学研究科博士後期課程修了　博士（商学）

　　JTBなどを経て
　　現　　在　明治大学商学部教授
　　専攻分野　交通論　観光事業論
　　著　　書　『現代交通論の系譜と構造』税務経理協会
　　　　　　　『交通論の祖型－関一研究－』八朔社

著者との契約により検印省略

平成26年7月20日	初版第1刷発行
平成28年4月20日	初版第2刷発行
平成30年9月10日	初版第3刷発行
令和2年11月10日	初版第4刷発行

現代の観光事業論

　　著　者　藤　井　秀　登
　　発行者　大　坪　克　行
　　印刷所　税経印刷株式会社
　　製本所　牧製本印刷株式会社

発行所　〒161-0033　東京都新宿区下落合2丁目5番13号　株式会社　税務経理協会

　　振　替　00190-2-187408　　電話　(03)3953-3301（編集部）
　　ＦＡＸ　(03)3565-3391　　　　　　(03)3953-3325（営業部）
　　URL　http://www.zeikei.co.jp/
　　乱丁・落丁の場合は、お取替えいたします。

© 藤井秀登 2014　　　　　　　　　　　　　　　Printed in Japan

本書の無断複写は著作権法上での例外を除き禁じられています。複写される場合は，そのつど事前に，（社）出版者著作権管理機構（電話 03-3513-6969，FAX 03-3513-6979, e-mail：info@jcopy.or.jp）の許諾を得てください。

JCOPY ＜(社)出版者著作権管理機構 委託出版物＞

ISBN978-4-419-06120-3　C3063